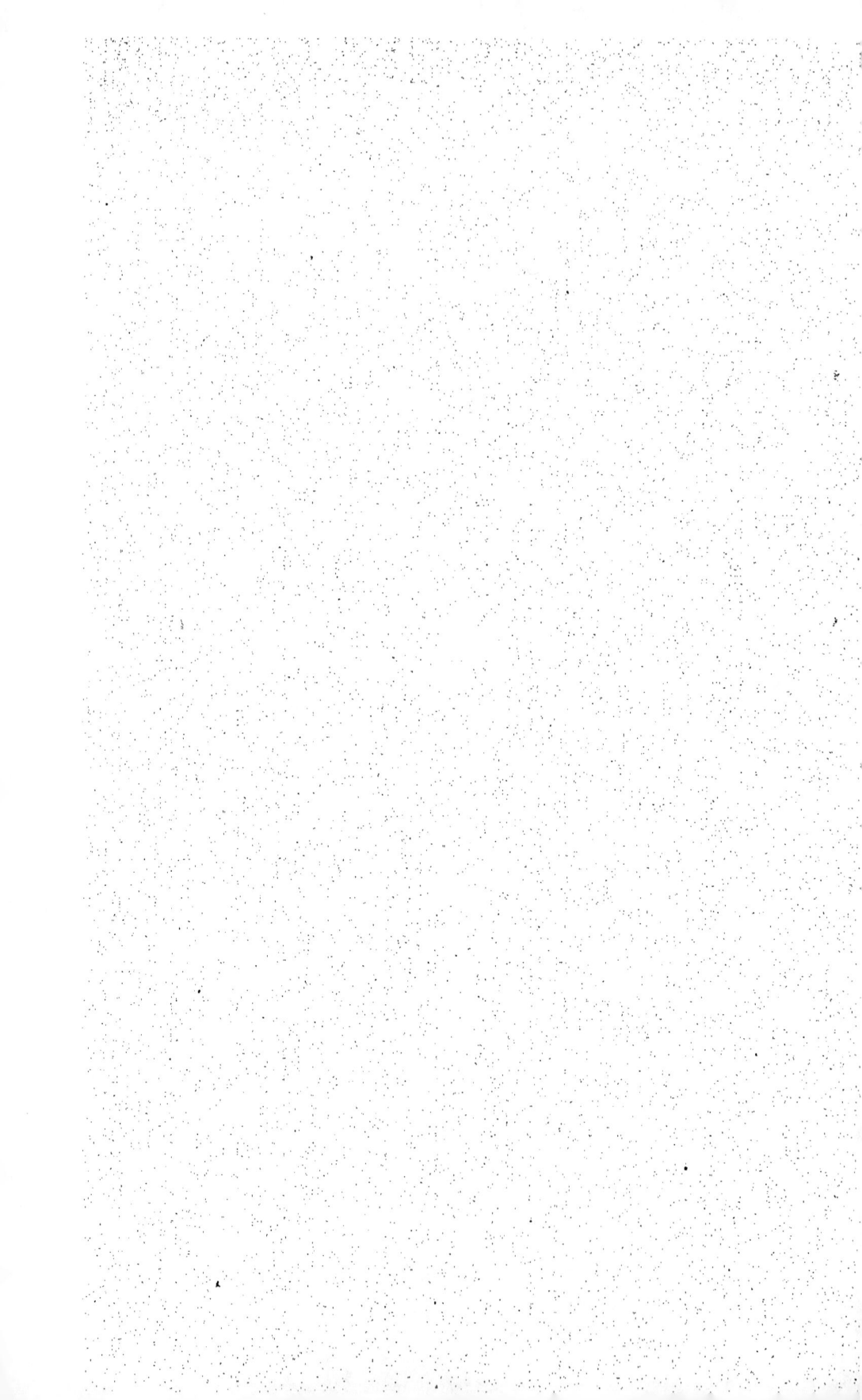

PROCÈS-VERBAUX AUTHENTIQUES

ET AUTRES PIÈCES

CONCERNANT LA RECONNAISSANCE DES RELIQUES

DE SAINTE FOY

VIERGE ET MARTYRE

**Et de plusieurs autres Saints
honorés dans l'antique Eglise de Conques
au diocèse de Rodez**

Recueillis et coordonnés

PAR

Monseigneur JOSEPH-CHRISTIAN-ERNEST BOURRET

évêque de Rodez et de Vabres

DŒUR ET SOLATIUM

RODEZ

Vᵉ Em. CARRÈRE, Imprimeur-Libraire

—

1880

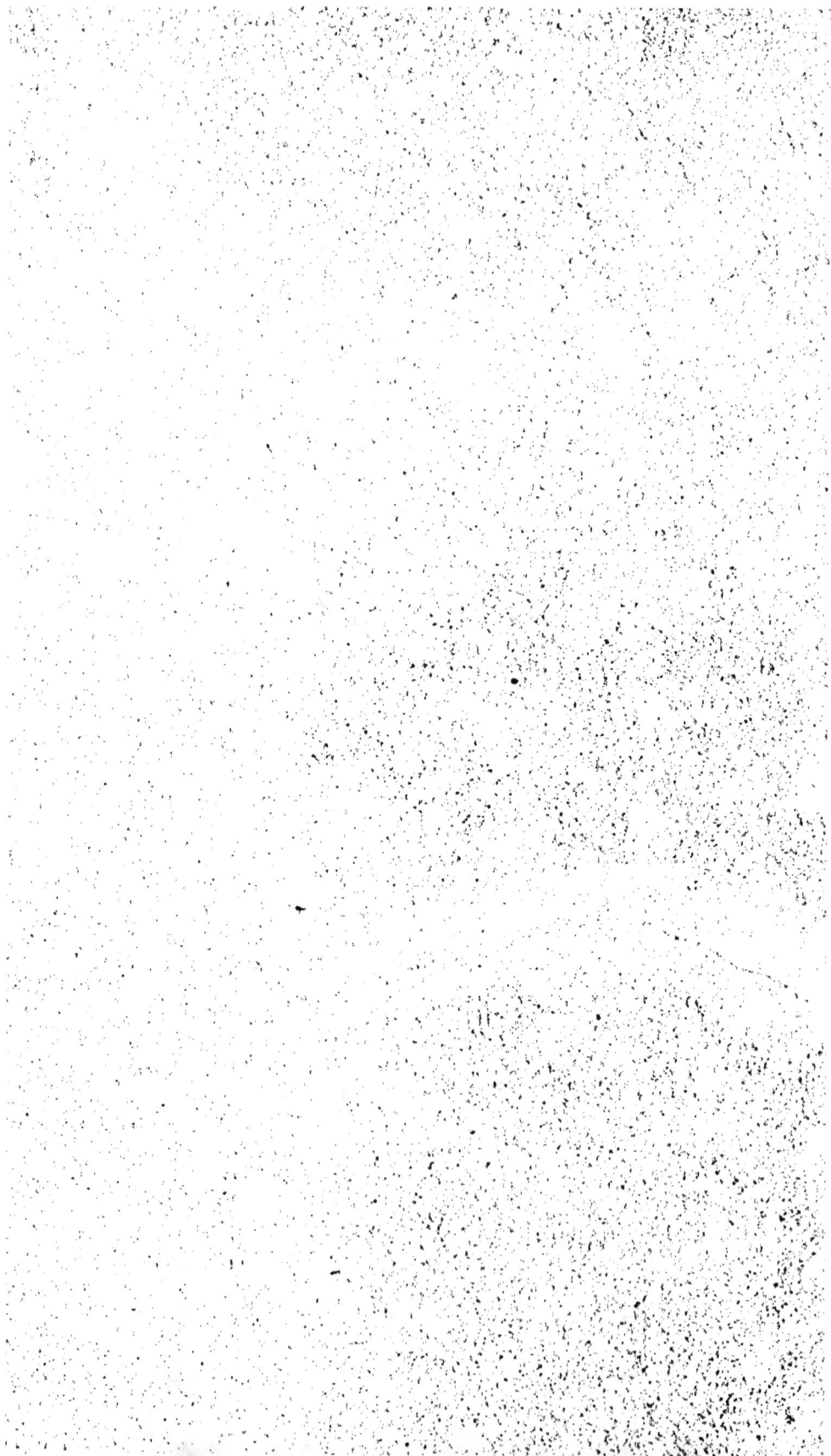

PROCÈS-VERBAUX AUTHENTIQUES

ET AUTRES PIÈCES

CONCERNANT LA RECONNAISSANCE DES RELIQUES

DE SAINTE FOY

VIERGE ET MARTYRE

PROCÈS-VERBAUX AUTHENTIQUES

ET AUTRES PIÈCES

CONCERNANT LA RECONNAISSANCE DES RELIQUES

DE SAINTE FOY

VIERGE ET MARTYRE

Et de plusieurs autres Saints
honorés dans l'antique Église de Conques
au diocèse de Rodez

Recueillis et coordonnés

PAR

Monseigneur JOSEPH-CHRISTIAN-ERNEST BOURRET

évêque de Rodez et de Vabres

RODEZ

Vᵉ Em. CARRÈRE, Imprimeur-Libraire

—

1880

AVANT-PROPOS

Comme rien n'est plus fugitif que le temps et la mémoire des hommes, nous avons jugé opportun de réunir en un tout uniforme et coordonné les différents actes authentiques qui concernent la reconnaissance des reliques de sainte Foy, l'illustre martyre d'Agen, et de quelques autres saints martyrs ou confesseurs, dont les précieux restes sont déposés dans le célèbre trésor de l'antique abbaye de Conques en notre diocèse.

Nous l'avons fait simplement, sans discussions ni contention, nous contentant d'offrir à la science historique et hagiographique des documents officiels, et lui laissant à elle-même le soin de les discuter, de les contrôler et de les confronter avec les pièces que l'on possède déjà et les autres données de l'histoire. Nous nous sommes borné à les relier ensemble par quelques mots explicatifs et à y ajouter quelques réflexions qui pouvaient en faire ressortir l'utilité et la valeur, quand nous l'avons jugé nécessaire.

Pour plus de clarté, nous avons divisé ce travail de récollection en six parties. La première et la plus importante concerne l'invention de la châsse recouverte de cuir épinglé et d'émaux qui renferme le corps de la sainte martyre. La seconde relate les actes qui se rapportent au grand voile que l'on a tiré de cette châsse et mis à part dans un reliquaire spécial. La troisième présente les pièces qui ont trait à son chef vénéré que les siècles anciens avaient déposé dans la célèbre statue d'or décrite par les bollandistes et les archéologues modernes. La quatrième examine les reliques que possède l'église d'Agen, les confronte avec celles qui sont à Conques, et fait connaître les résultats qui ressortent de cette confrontation. La cinquième se rapporte aux reliques découvertes en même temps que celles de sainte Foy, dans l'intérieur du même mur, et à celles qui avaient été trouvées, en 1866, dans un tronçon de fût de colonne sous la table du maitre-autel. La sixième donne les procès-verbaux de vérification et de reconnaissance des précieux dépôts de quelques autres reliquaires, notamment de celui qui est en forme d'arche, et où sont déposés les fragments du corps de sainte Foy que l'on connaissait seuls jusqu'à ce jour.

Pour bien suivre la liaison de ces divers documents et en avoir une entière intelligence, on fera bien de les lire et de les collationner, avec les travaux scientifiques qui ont été publiés sur Conques, en particulier les écrits des Bollandistes, le *Liber Mirabilis* de Bernard d'Angers, le *Trésor de Conques*, dessiné et décrit par Alfred Darcel, le *Cartulaire de l'abbaye de Conques en Rouergue*, récemment publié par l'archiviste Gustave Desjardins. On devra avoir aussi sous les yeux la dernière édition de l'*Histoire de Sainte Foy*, par M. l'abbé Servières, imprimée à Rodez en 1879, et les divers numéros de la *Revue religieuse de Rodez et de Mende*, qui ont rendu compte, au jour le jour, de tout ce qui s'est passé du 21 avril 1875 jusqu'à présent, touchant les reliques et le culte de sainte Foy.

Puisse la glorieuse martyre que nous avons surnommée si justement l'Agnès des Gaules, et à laquelle nous avons voué un hommage particulier, avoir ce travail pour agréable et nous bénir. Ces actes seront le mémorial d'évènements qui ont réjoui plusieurs églises en nos jours, le souvenir de nombreuses grâces accordées à notre diocèse, et le gage de la résurrection d'un culte qui, après avoir eu ses jours d'obscurcissement et d'oubli, semble vouloir reprendre un nouvel éclat.

Rodez, 19 juillet 1880, en la fête de saint Vincent de Paul.

PROCÈS-VERBAUX AUTHENTIQUES

ET AUTRES PIÈCES

CONCERNANT LA RECONNAISSANCE DES RELIQUES

DE SAINTE FOY

VIERGE ET MARTYRE

PREMIÈRE PARTIE

PROCÈS-VERBAUX et autres pièces concernant la découverte et le contenu d'une chasse en cuir épinglé avec émaux trouvée dans l'Eglise de Conques, le 21 avril 1875.

L'ancienne église abbatiale de Conques, en Rouergue, est un des plus beaux monuments de l'architecture romane du midi de la France. De graves dommages, qui ne pouvaient aller qu'en s'aggravant, avaient été causés à ce bâtiment de premier ordre par le malheur des temps, l'indifférence du grand nombre, et le demi abandon où l'on était obligé de le laisser, faute de ressources suffisantes pour pouvoir l'entretenir et le réparer convenablement.

Sur notre demande et celle du Conseil général du département de l'Aveyron, le Gouvernement français voulut bien allouer une somme considérable pour entreprendre la restauration de ce monument historique, que l'initiative privée ne pouvait songer à faire elle-même. Les ouvriers avaient déjà commencé les réparations autour des colonnes de l'abside, sous la direction de l'architecte de l'Etat, lorsque, au matin du 21 avril 1875, la pioche de l'un d'eux, qui travaillait à la démolition du mur auquel était adossé le maître-autel, mit à nu l'une des faces d'un coffre de bois qui paraissait recouvrir une autre cassette beaucoup plus précieuse, et aussitôt commencèrent une série d'opérations qui vont être constatées et relatées par les pièces suivantes.

I.

PROCÈS-VERBAL

D'invention de la châsse où l'on présume que sont renfermées les reliques de sainte Foy vierge et martyre, et d'apposition des scellés sur ce coffre.

L'an mil huit cent soixante-quinze et le 21 avril, à 9 heures du soir, par devant Nous Frédéric Guirard de Montarnal, juge de paix du canton de Conques, arrondissement de Rodez, département de l'Aveyron, assisté d'Amédée Martin, greffier.

S'est présenté : M. Louis-Nicolas Daras, en religion Père Louis de Gonzague, remplissant les fonctions de curé de Conques, en l'absence de M. l'abbé Boulbon, en religion Rév. Père Edmond, de l'ordre de Prémontré, titulaire de la cure.

Lequel a dit : Que ce matin, vers 10 heures et demie, un ouvrier maçon travaillant à pratiquer un petit escalier dans le mur, derrière l'autel du chœur de l'église de Conques, a mis à découvert une caisse en bois recouvrant un coffret en métal émaillé qui, vu les usages de l'Église, est, selon toute apparence, la châsse contenant les reliques de la patronne de la paroisse ; et que, jusqu'à ce que l'ouverture puisse en être faite avec la solennité et les précautions nécessaires, il désire que l'autorité civile intervienne pour mettre l'objet de cette découverte à l'abri de toute violation et empêcher l'esprit public de s'égarer à ce sujet.

Sur quoi, Nous juge de paix, considérant que pour la garantie de tous les intérêts et la conservation de tous les droits, une apposition de scellés peut n'être pas sans utilité, et qu'elle rentre dans nos attributions;

Nous sommes immédiatement transporté, assisté du greffier, dans l'église paroissiale de Conques, où nous avons trouvé :

1° Le P. Louis de Gonzague, susnommé ;

2° M. Servières, adjoint au maire de Conques;

3° M. Falissard, Toussaint, conseiller municipal;

4° M. Martel, Charles, maréchal-des-logis;

5° M. Lacombe, Adrien, garde champêtre de la commune de Conques ;

6° M. Boudou, Pierre, aubergiste-propriétaire, à Conques.

En présence desquels nous avons d'abord recueilli la déclaration du sieur Cantecor, Pierre, tailleur de pierre, domicilié à Decazeville ; lequel a dit : que la caisse dont il s'agit se trouve dans le même état et la même position que lorsqu'il en a fait, ce matin, la découverte. Nous avons ensuite, en présence des mêmes personnes, reconnu et constaté ce qui suit :

Il a été fait dans une maçonnerie, entre le maître-autel et le mur qui sépare le chœur du chevet de l'église, des démolitions qui ont mis à découvert le côté sud extérieur d'une caisse en bois, ayant de ce côté 37 centimètres de haut, sur 37 centimètres de large. Un fragment de planche de ce côté de la caisse qui tombe de vétusté ayant été enlevé, nous avons vu qu'elle recouvre un coffret en métal artistement travaillé, et en apparence richement décoré qui remplit toute la cavité de la caisse en bois. Ce fragment de caisse ayant été remis en place, nous avons apposé sur le côté de la caisse mis à découvert : 1° Une bande de ruban de fil blanc dont un bout porte sur le couvercle de ladite caisse, et l'autre bout sur l'extrémité de la planche du fond;

2° Une autre bande de ruban se croisant à angle droit

avec la première, et dont les bouts portent sur les extrémités des planches latérales de ladite caisse.

Nous avons ensuite scellé en cire rouge ardente les deux bouts de chacune desdites bandes de ruban, et les avons empreints du sceau de notre Justice de paix. Ces deux bandes portent écrits de notre main ces mots : Pour scellés, le 21 avril 1875, et notre paraphe.

La caisse dont il s'agit est recouverte, dans toute sa longueur, par une ancienne maçonnerie à chaux et à sable, dont une partie a été récemment démolie, mais dont la hauteur dépasse encore de 33 cent., le couvercle de la caisse. Cette maçonnerie dans laquelle est enchâssé le coffret susmentionné est restée intacte jusqu'à la même hauteur de l'autre côté de l'autel. Le mur du chevet, vis-à-vis la caisse dont il s'agit, a environ 50 cent. d'épaisseur

Le R. Père Louis de Gonzague s'est volontairement chargé de la garde de nos scellés, et a promis de les représenter sains et entiers, quand et à qui il appartiendra.

Fait et clos le présent procès-verbal, lesdits jour, mois et an, que nous avons signé avec le greffier ainsi que le P. Louis de Gonzague, Servières, adjoint, Falissard, Martel, Boudou et Cantecor, après lecture faite, et après avoir employé une vacation à tout ce dessus.

Signé : De MONTARNAL, MARTIN.

En marge on lit : Enregistré à Conques, le 26 avril 1875 folio 43, verso, case 8, reçu 6 fr., décimes 1 fr. 50 cent.

Signé : MOURA.

II.

PROCÈS-VERBAL

De la levée des scellés apposés sur une châsse émaillée découverte à Conques le 21 avril 1875.

L'an mil huit cent soixante-quinze, et le 26 avril à deux heures de relevée, Nous Guirard de Montarnal, juge de paix

du canton de Conques, arrondissement de Rodez, département de l'Aveyron, assisté d'Amédée Martin, greffier.

À la demande de M. Louis-Nicolas Daras, en religion Père
Louis de Gonzague, remplissant les fonctions de curé de
Conques en l'absence de M. l'abbé Boulbon, en religion
Père Edmond, de l'ordre de Prémontré, titulaire de la cure.

Nous sommes transporté en l'église paroissiale dudit
Conques, où, en présence dudit P. Edmond, dudit P. Louis
de Gonzague, requérant, des vicaires, de M. Bénazech,
maire, et des membres du Conseil municipal, de M. l'abbé
Costes, vicaire-général, représentant Mgr l'Evêque de Rodez,
d'un nombreux clergé et d'une foule de fidèles.

Nous avons reconnu sains et entiers les scellés par nous
apposés, suivant notre procès-verbal du 21 du courant, sur
une caisse en bois, dont un côté seulement avait été mis à
découvert par des travaux de démolition pratiqués dans un
mur derrière le maître-autel de ladite église, et les autres
côtés étaient engagés dans une maçonnerie dont les dimensions sont constatées dans ledit procès-verbal, et qui s'est
trouvée dans le même état que lors de notre apposition de
scellés.

Nous avons en conséquence, à la réquisition de M. le
Maire et de M. le Curé de Conques, ôté et levé lesdits scellés.

Dans ladite caisse en bois qui a été enlevée était renfermé
un coffret de 55 cent. de long, sur 28 de largeur et 31 de
profondeur, recouvert d'un cuir antique et de riches émaux.
À l'intérieur de ce coffret ouvert par la vétusté se trouvaient
plusieurs sachets ou enveloppes de cuir contenant divers
objets, notamment des ossements humains, en partie réduits
en poussière, en partie conservés. Ces objets pieusement
recueillis, comme les restes de très anciennes et très saintes
reliques, ont été décrits dans un inventaire, dans lequel
nous n'avons pas à nous immiscer, notre mission se bornant
à la levée des scellés que nous avions apposés dans un
intérêt d'ordre public, et notre opération se trouvant termi-
née par la remise de ces objets entre les mains de M. le
Maire de Conques, seul compétent à l'effet de se concerter,
pour leur conservation, avec l'autorité ecclésiastique.

Nous avons en conséquence déchargé M. Louis-Nicolas Daras, en religion P. Louis de Gonzague, de la garde de nos scellés ; nous avons employé à tout ce dessus une simple vacation.

Fait et clos le présent procès-verbal, lesdits jour, mois et an, que nous avons signé avec le greffier, ainsi que le P. Louis de Gonzague, et M. Bénazech, maire de Conques, après lecture.

Signé : De MONTARNAL, DARAS,
BÉNAZECH, MARTIN.

Enregistré à Conques, le treize mai 1875, folio 45, recto, case 9, reçu 6 fr. décimes 1 fr. 50 c.

Signé : MOURA.

III.

PROCÈS-VERBAL

De la Commission rogatoire nommée par Mgr l'Évêque de Rodez pour examiner deux caisses de Reliques antiques, découvertes à Conques les 21 et 26 avril 1875.

L'an mil-huit cent soixante-quinze et le vingt-six avril, les soussignés, agissant par Commission rogatoire de Mgr Bourret, évêque de Rodez, se sont rendus au lieu de Conques où ils ont trouvé à deux heures de l'après-midi le Révérendissime Père abbé du monastère de Saint-Michel, prévôt de Conques, auquel ils ont communiqué l'objet de leur mission pour assister à l'ouverture d'un coffre dont l'existence s'était révélée au T. R. Père, peu de jours auparavant, à l'occasion de travaux de restauration de l'autel majeur de l'église abbatiale de Conques.

En conséquence, les soussignés introduits dans l'église, y ont trouvé M. le Maire de Conques, entouré des membres de son conseil municipal, savoir :

MM. Bénazech, Casimir, maire de Conques ; Servières, Bernard, adjoint ; Fournier, Hippolyte ; Miquel, Guillaume ; Boudou, Géraud ; Chivalié, Louis ; Blanadet, Jean ; Delagnes, Germain ; Nolorgues, François ; Falissard, Toussaint ; Servières, Charles , conseillers municipaux ;

Et MM. les Membres de la Fabrique, savoir : le R. P. Louis-Nicolas Daras , en religion , Père Louis de Gonzague, pro-curé de la paroisse ; Nolorgues, François, président ; Labro, François ; Guibert, Jean ; Dides, Adrien, trésorier ; Tarral, Henri ;

Et enfin M. Guirard de Montarnal, juge de paix des lieux, assisté de M. Amédée Martin, son greffier, lequel avait apposé les scellés à l'orifice de la caisse qui s'était entr'ouverte sous un coup de marteau d'un maçon employé à un remaniement de l'autel moderne juxtaposé à un massif de maçonnerie, engagé entre les colonnes de l'abside.

M. le Juge de paix ayant levé les scellés, les membres de la commission soussignés ont fait enlever les parties de la maçonnerie qui recouvraient encore le coffre, apparent seulement par un de ses petits côtés, et en ont fait retirer sous leurs yeux ledit coffre dont les dimensions ont été déterminées comme suit : longueur, 55 cent.; hauteur, 27 cent.; largeur, 31 cent.

Cette première enveloppe était d'un bois de châtaignier, d'une vétusté très apparente, et qui a facilement cédé aux premiers efforts qui ont été faits pour en dégager un second coffre remplissant exactement le premier, et dont le premier aspect a révélé une vétusté beaucoup plus avancée et une richesse que les âges n'ont pu effacer. Celui-ci était revêtu d'un cuir tout couvert de dessins formés par de légers clous à tête argentée, d'une grosseur analogue à celle de petites épingles et d'une longueur d'un demi centimètre. Ces dessins seront reproduits et étudiés au point de vue de la date de leur origine. L'extérieur de la caisse présentait sur ses cinq faces des émaux disposés de la manière suivante : huit sur le couvercle, six sur le devant, cinq sur chacun des côtés, ces dix derniers mi-partie ovales et mi-partie ronds ; les autres, ronds ; sur la dimension, savoir : les ronds de 7 cent. et les ovales do 10 cent. de longueur. Les dessins de ces émaux seront reproduits, et la date de leur origine sera l'objet d'un examen ultérieur qui la constatera.

La place symétrique d'un des émaux du devant était remplie par une serrure ronde qui a été conservée. Les anses latérales de ce coffre adhéraient à peine au bois et se sont détachées à la main. Le bois recouvert par le cuir avait subi une telle altération qu'il a été impossible d'en constater l'essence, mais il était très apparent qu'il était d'une date bien plus ancienne que celle du premier coffre qui le contenait.

Procédant à l'ouverture de celui-ci, après avoir constaté comme il précède tout ce qui touchait à son extérieur, il a été trouvé plein d'un amas en désordre d'une quantité de substances diverses qui ont été retirées successivement, et classées suivant leur nature de la manière suivante :

Une peau d'apparence de chamois blanchâtre, renfermant des débris d'ossements appartenant à l'espèce humaine, et comprenant des os du bassin, des vertèbres, des côtes, un cubitus, os de l'avant bras, et autres, en tout 21 ossements provisoirement déterminés, et autres débris à étudier. A la première impression, ces débris semblent appartenir à une personne adolescente.

La présence d'une quantité de débris de bois vermoulu, d'une essence différente de celle de la caisse recouverte de cuir, indiquent que ces débris avaient été recueillis et placés dans cette caisse en même temps que les ossements, et comme associés à la vénération dont ces ossements étaient l'objet.

Après avoir retiré cet objet principal du contenu, l'inventaire de ce qui restait a été continué, et il en a été retiré une quantité assez considérable de lames de plomb toutes déformées, et dont il a été difficile de reconnaître l'état primitif. Une quantité considérable de tissus divers, dont quelques uns de soie d'une couleur rouge et autres; plus, des fragments de vases de verre, remarquablement ornementés et un fragment de verre uni dit mousseline, des fragments d'os ou d'ivoire pareillement ornementés, trois perles d'ambre analogues à celles qui ont été trouvées dans des fouilles de dolmens. Enfin il a été recueilli une quantité considérable de débris de divers bois tombés en poussière, qui occupaient le fond de la caisse. Ce fond avait perdu toute sa consistance au point qu'il a cédé sous le poids de ce qu'il contenait.

La caisse qui vient d'être décrite occupait le centre en arrière de l'autel ; des fouilles poursuivies du côté de l'Evangile ont amené la découverte d'une pierre taillée cubique, dans le cœur de laquelle, avait été creusée une niche de 20 cent. de longueur sur 12 de large, recouverte par une pierre taillée à la mesure de l'orifice et reposant sur des rainures. Dans cette pierre qui a été retirée tout entière et portée par quatre hommes sur un bayart au presbytère, il a été retiré, sous les yeux des soussignés, des ossements en bien moindre quantité que ceux trouvés dans le coffre en bois et diverses plaquettes en ivoire, portant des ornementations mérovingiennes.

Tous ces objets ont été disposés suivant leur nature diverse dans plusieurs corbeilles ou récipients, au nombre de treize, et déposés dans une armoire sur laquelle ont été apposés aussitôt les sceaux de l'évêché par M. le grand-vicaire Costes. Toutes ces opérations ont été faites en présence d'une affluence de population convoquée au son des cloches, et qui s'est retirée après une solennelle bénédiction du St-Sacrement donnée par M. l'abbé Costes, vicaire-général.

Signé : EUGÈNE DE BARRAU , *membre de la commission ;* CÉRÈS, prêtre ; *membre de la commission;* VANGINOT, *membre de la commission ;* Docteur LALA, *membre de la commission ;* COSTES, vicaire-général, *membre de la commission.*

IV.

PREMIÈRE ANNEXE AUX PROCÈS-VERBAUX PRÉCÉDENTS.

De quel saint sont les reliques découvertes à Conques.

A peine l'illustre abbaye de Conques, ranimée par un

souffle puissant, secouait-elle la poussière des siècles, que la Providence, continuant son œuvre si bien commencée, après lui avoir infusé une nouvelle vie, l'a dotée d'un trésor inestimable. Ce n'est point, comme l'espéraient des âmes trop terrestres ou trop naïves, de l'or ou de l'argent. C'est mieux que cela. Les richesses que Dieu départit aux siens sont mille fois plus précieuses. D'antiques et saints ossements, voilà ce trésor : voilà ce que renfermait cette châsse magnifique, objet de la plus ardente et de la plus pieuse curiosité.

Mais quel est donc ce corps saint, quelles sont ces insignes reliques qui apparaissent subitement à nos regards après tant de siècles ? Quel est le saint, qui, après un si long sommeil, tout à coup se réveille, surgit de terre, s'impose à la vénération publique, et semble vouloir couvrir de son égide l'illustre monastère, à sa seconde aurore ? Question d'un très haut intérêt à tous les points de vue. Il n'appartient qu'à l'autorité ecclésiastique de la résoudre d'une manière sûre et définitive. Mais, afin de répondre à la légitime curiosité du public, à la piété impatiente de bien des fidèles, nous croyons pouvoir, en attendant mieux, exposer une opinion, que nous estimons très fondée, et jeter quelque lumière sur ce qui paraît environné d'obscurité.

L'ouverture de la châsse et l'examen rapide de tous les objets qu'elle contenait n'ont révélé jusqu'ici aucun document authentique au sujet de la question qui nous occupe. Mais, disons-le tout d'abord, il est hors de doute que ces ossements sont les reliques de quelque saint et non simplement les restes plus ou moins vénérables d'un corps quelconque, enseveli, comme d'autres, dans l'église. Leur position sous le grand reliquaire et dans l'intérieur du mur auquel le maître-autel était adossé, la forme, le travail de la châsse toute constellée d'émaux précieux, la nature du contenu lui-même et le manque de parties notables du corps, du chef particulièrement, tout concourt à rendre évidente la sainteté du dépôt.

De plus, l'on peut ajouter que ces reliques sont celles de sainte Foy elle-même. Avant d'exposer les motifs de cette opinion, qui est jusqu'ici celle de tous, voici quelques notions sur les diverses translations des restes de cette martyre.

Sainte Foy, jeune vierge d'Agen, consomma son glorieux martyre par la décollation, à l'âge de douze à quinze ans, l'an 287. Ses restes et ceux des autres chrétiens mis à mort avec elle furent jetés sur la place publique et abandonnés par les païens. Les fidèles s'empressèrent de les recueillir furtivement ; ils essuyèrent avec respect les traces de leur sang, au moyen de tissus précieux, et ensevelirent, ou plutôt cachèrent leurs nobles restes dans un humble tombeau. Saint Dulcidius, évêque d'Agen, fit la première translation des reliques de sainte Foy, vers l'an 405, éleva une belle basilique en l'honneur de la glorieuse martyre et y plaça son corps vénérable dans un tombeau de marbre précieux. Vers l'an 883, le moine Arinisde transféra furtivement le corps de la sainte dans l'abbaye de Conques ; on le plaça à côté de l'autel sous une garde sévère. Vers l'an 940, Etienne, évêque de Clermont et abbé de Conques, tenta, mais en vain, de transférer ce précieux trésor dans une nouvelle basilique qu'il venait d'élever : la sainte témoigna miraculeusement son refus. Le pieux abbé se borna à confectionner une châsse merveilleuse, ruisselante d'or et de pierreries. C'est là que reposa pendant quelque temps la glorieuse martyre ; *sub quâ dignissima virgo obsigillata feliciter in Christo requiescit.* Il fit faire aussi une statue en or de sainte Foy et y renferma *un fragment de la tête de la sainte.* Cette statue est très probablement celle que l'on conserve encore dans le trésor de l'église de Conques. Un siècle environ plus tard, vers l'an 1035, l'abbé Odolric transféra *le corps* de sainte Foy dans la nouvelle et vaste basilique qu'il avait construite lui-même : c'est la magnifique église qui subsiste encore.

Le reliquaire de l'église de Conques, l'un des plus riches et des mieux conservés que l'on connaisse, ne possédait qu'un petit nombre de restes, quelques fragments épars, plus ou moins notables, du corps de sa glorieuse patronne. Toutes les autres châsses étaient remplies de reliques ; seule la châsse d'or de sainte Foy était veuve de la plus grande partie de son trésor. Et pourtant les reliques de la grande patronne n'étaient-elles pas l'objet le plus précieux, le plus vénéré ? Pourquoi donc la plus notable partie en avait-elle disparu ? Les moines de Conques, ayant furtivement transféré d'Agen à Conques les ossements de leur sainte, étaient, plus que personne, défiants au sujet d'un trésor si ardemment convoité et conquis au prix de tant de dangers et de tant d'années d'efforts, comme on le sait. *On la plaça,* dit l'historien de la translation, *à côté de l'autel, sous une garde sévère.*

Cette défiance légitime donne à penser que les moines de Conques, mieux avisés que ceux d'Agen, cachèrent la plus grande partie de ce qu'ils regardaient comme le palladium du monastère et de la ville. Ils n'exposèrent aux regards, et encore sous une surveillance incessante, que des fragments du corps saint. Ils avaient disposé à l'avance, dans leur vaste église, des cachettes ingénieuses qui défiaient les recherches. C'est ainsi que l'on a retrouvé plusieurs fortes pierres de taille, en forme de cubes, dans l'intérieur desquelles on avait pratiqué une ouverture carrée, fermée par un couvercle de pierre s'adaptant exactement par une saillie. Le 26 avril dernier, en découvrant la châsse, on a mis au jour, en même temps, l'une de ces pierres qui recélait encore des reliques. Lorsqu'on enleva l'ancien maître-autel, il y a une douzaine d'années, on découvrit, sous les dalles, d'autres cachettes de ce genre, plus vastes, mais vides. On y mettait en sûreté les diverses pièces du reliquaire, dès qu'on pressentait l'approche de quelque danger, dans les temps troublés et malheureux.

L'un de ces temps les plus calamiteux pour la tranquillité des églises, en Rouergue surtout, c'est le XII⁰ siècle et le commencement du XIII⁰. Dans le XII⁰ notre province fut infestée par une multitude de brigands, malfaiteurs qui avaient porté les armes au service de quelque château, ou bien bandes de pillards, écume des croisades. Ils pillaient les églises et dévastaient tout le pays : on se vit obligé de recourir à des mesures énergiques et toutes particulières de répression. Au commencement du XIII⁰, les Albigeois apparurent dans le Rouergue, dévastant les églises sur leur passage et menaçant toute la province. Enfin *les protestants,* *en 1561, pénétrèrent jusque dans les gorges de Conques, pillèrent l'abbaye et tentèrent d'incendier l'église. Le trésor du* *reliquaire avait été soustrait à l'avidité des hérétiques* (Hist. de l'Église du Rouergue). Lorsque le calme et la sécurité renaissaient, les saintes reliques sortaient de leurs cachettes. Les reliques de sainte Foy étant vénérées comme le palladium de l'abbaye, il est à croire qu'on les laissait en lieu sûr longtemps encore, tant l'on craignait pour un dépôt si précieux.

À laquelle de ces époques la châsse récemment découverte a-t-elle été enfouie dans ce mur? C'est ce qu'on ne peut déterminer encore. Elle pouvait y être cachée depuis un certain nombre de siècles. Le travail de ce coffre, les gros émaux qui l'enrichissent en font remonter la confection jusqu'au XIe siècle, c'est-à-dire vers l'époque de la construction de l'église. D'un autre côté, l'aspect de la maçonnerie du mur a fait penser, lors de sa démolition, que la châsse y a été encastrée dès sa construction et qu'elle n'en a plus été retirée.

La crainte, les précautions excessives laissèrent s'accumuler les années sur ce trésor enfoui ; et, comme le secret de la cachette n'était évidemment connu que d'un très petit nombre de personnes, peu à peu ce secret s'éteignit avec ceux qui en étaient dépositaires. Néanmoins une tradition constante assurait que les plus notables reliques de sainte Foy étaient cachées dans l'église ; on n'avait perdu que le souvenir du lieu précis où elles gisaient. Les anciens de Conques allaient répétant que ces reliques étaient enfouies entre deux colonnes ; ils s'en entretenaient souvent, car dans nul autre pays peut-être, la dévotion aux saintes reliques, spécialement à celles de sainte Foy, n'était et n'est encore plus fervente. Bien plus, le vénérable curé de Conques, M. Aymé, qui desservait la paroisse en 1791, qui revint de l'exil vers 1800 et exerça à Conques les fonctions de curé jusqu'en 1839, affirmait, dit-on, que les reliques de sainte Foy étaient cachées dans le mur où on les a découvertes.

Son successeur M. Turq-Calsade, qui professait une dévotion singulière pour sainte Foy, avait même tenté quelques fouilles dans ce mur dans l'espoir de découvrir ces reliques ; mais il s'était arrêté, ne voulant pas consommer la démolition du mur et gémissant de la modicité des ressources dont il disposait.

Enfin les travaux de restauration entrepris dans l'église ont amené cette découverte. Circonstance remarquable, la châsse était cachée sous le grand reliquaire qui servait de rétable au maître-autel, dans la ligne de son milieu, au-dessous de la grande statue d'or de sainte Foy. L'autel était adossé au mur qui recélait ce trésor et le couvrait d'une protection de plus. Le prêtre qui célébrait avait donc ces reliques insignes sous les yeux ; sans le savoir il offrait le saint sacrifice sur ce tombeau. Tel était d'ailleurs l'usage constant des temps anciens : les reliques des saints étaient placées sous l'autel ; souvent elles y étaient ingénieusement dissimulées. On découvre dans cette disposition la double préoccupation des saints religieux de l'abbaye : cacher leur trésor avec un soin jaloux, et cependant ne point consentir à se priver de la présence immédiate d'une patronne si puissante et même lui conserver sa place d'honneur. On voit comment ils ont résolu le problème.

L'inspection attentive des objets renfermés dans cette châsse confirme de tout point ce que nous venons d'avancer. On y a découvert et inventorié une multitude d'objets variés : d'abord des ossements de moyenne dimension, au nombre de vingt-un, d'autres fragments plus petits et brisés. Or ces ossements, soumis un à un à l'examen d'un homme de l'art, ont été reconnus comme paraissant tous appartenir à une personne adolescente âgée environ de douze à quinze ans. Une étude plus approfondie achèvera d'éclaircir ce point important et probablement de déterminer le sexe de la personne. On sait que sainte Foy a été martyrisée à l'âge indiqué ci-dessus. Bon nombre d'ossements faisaient défaut pour compléter le squelette, notamment le chef ; or, plusieurs d'entre eux sont conservés dans divers reliquaires ; la tête, ainsi que nous l'avons vu, avait été renfermée dans la statue d'or où elle se trouve peut-être encore. La confrontation de ces divers fragments jettera une nouvelle lumière sur cette question.

Dans la même châsse se voyaient quantité de tissus antiques de diverses couleurs ; la plupart paraissaient de soie. Plusieurs semblaient tachés de sang, d'autres en avaient été comme entièrement teints. Or, l'histoire de sainte Foy rapporte ce qui suit : « *Les chrétiens s'empressèrent de recueillir le corps de la sainte ; ils essuyèrent avec respect les traces de son sang, au moyen de tissus précieux, et ensevelirent ses nobles restes.* » Peut-être, au nombre de ces étoffes, se trouvent des pièces des vêtements de la sainte ; peut-être même s'y conserve-t-il quelques lambeaux du voile ou du sac, dans lequel le moine Arinisde enveloppa furtivement les reliques enlevées : ce sac était *d'un riche tissu.*

On voit encore des débris de fiole et de coupe en verre ; or l'on sait que le sang des martyrs était recueilli, à cette époque, dans des fioles ou des ampoules. La châsse renfermait en outre un grand nombre de débris de bois soigneusement enveloppés, des lames de plomb, de la terre même, de la poussière, des fragments de pierre, des grains de collier, le tout bien fermé dans des sachets. Personne ne l'ignore, lorsqu'on exhumait de leur tombeau les corps des martyrs, pour les placer dans des sépulcres plus honorables et pour les vénérer, on avait soin de recueillir la poussière même qui s'attachait à leurs ossements : c'étaient des débris de leur dépouille mortelle. On recueillait même minutieusement tout ce qui pouvait rester du tombeau primitif et on le conservait avec respect. Enfin parmi tant d'objets, on remarquait quelques débris de statuettes en terre cuite. Sur l'un de ces débris se voyait une main qui tenait suspendu, par un anneau, un instrument tronqué, paraissant offrir la forme d'un gril. Sainte Foy, comme l'on sait, est représentée avec cet attribut de son supplice.

La multitude et la variété de tant d'objets rassemblés minutieusement dans une même châsse est très significative ; ils attestent le degré de vénération d'un corps saint et le soin avec lequel on en a recueilli tout ce qui restait. La châsse qui a renfermé de tels objets a dû contenir aussi tous les ossements ; là devait se trouver le centre, la source des reliques de la sainte, d'où on a extrait les divers fragments. Le riche trésor de l'église de Conques offre ce seul exemple d'objets si divers, rassemblés autour des reliques d'un saint. De quel autre saint pouvait-on conserver si minutieusement les moindres dépouilles, sinon de la patronne auguste du monastère ? On voit que le moine Arinisde avait fait une translation consciencieuse ; il avait tout emporté.

Une étude plus approfondie de ces reliques vénérables révèlera, nous l'espérons, de nouvelles preuves qui s'ajouteront à celles que nous venons d'indiquer sommairement, ou plutôt de proposer à l'attention des esprits.

Il semble, après toutes ces diverses considérations, que le trésor découvert ces jours derniers n'est autre chose que la dépouille sacrée de sainte Foy. Lorsque cette conclusion aura reçu une consécration solennelle, l'on comprendra alors que la découverte providentielle dont nous avons été témoin est un événement considérable dans l'histoire de notre Église du Rouergue. L'invention des reliques de sainte Foy devra alors être exaltée à la hauteur des inventions les plus célèbres. L'aimable et glorieuse sainte, qui fit retentir la France et l'Europe entière du bruit de son nom, de l'éclat de ses miracles et de la gloire de ses fondations, veut revivre parmi nous.

> Santa Fez en sia lausada
> Grasida et glorificada,
> Et nos done d'aver s'amor
> E de Dieu nostre creator.
> Amen (1).

L'abbé L. SERVIÈRES.

(Extrait de la REVUE RELIGIEUSE DE RODEZ ET DE MENDE, *numéro du 7 mai 1875, page 225.)*

(1) Conclusion d'une poésie en langue d'Oc, XIe siècle. En voici la traduction :

> Sainte Foy en soit louée,
> Remerciée et glorifiée,
> Et qu'elle nous donne d'avoir son amour
> Et celui de Dieu notre créateur.

V.

DEUXIÈME ANNEXE.

Découverte d'un reliquaire à Conques.

L'abside de l'église abbatiale de Conques est circonscrite à son chevet par six colonnes qui règnent entre la grande nef et les bas côtés.

Ces colonnes ont été *engagées*, à une époque relativement récente, dans un puissant massif de maçonnerie qui les relie par leur base, en formant clôture entre le chœur et ses bas côtés ; ce massif est surélevé au-dessus du sol inférieur de plus de deux mètres, il est couronné par un chaperon de pierre de taille qui verse vers les bas-côtés.

Le chœur est lui-même exhaussé, au-dessus du parvis, de plusieurs marches, et l'autel majeur l'est lui-même de plusieurs autres au-dessus du sol du chœur, de manière à dominer la hauteur du massif formant clôture autour du chevet de l'abside.

L'autel est adossé au massif dont l'épaisseur, sur toute l'étendue de l'autel, a été accrue de 50 centimètres environ.

Il résulte de cette disposition que la partie inférieure des six colonnes, à partir de leur socle, sur une hauteur de près de trois mètres, était perdue dans cet empâtement.

Cet arrangement, postérieur à la construction de l'édifice dont la pureté de style a valu à l'église de Conques d'être classée au premier rang des monuments historiques de France, nuisait à sa perspective. Le Révérend Père abbé entreprit, aux premiers jours d'avril de l'année courante, de dégager ces colonnes pour leur rendre toute leur proportion. L'exécution de ce travail ne tarda pas à révéler le véritable motif qui avait déterminé l'œuvre qu'on était en train de détruire en mettant à nu de graves altérations qu'avaient subies ces colonnes et qui avaient compromis leur solidité

A quelle époque remontaient ces travaux de consolidation ? Cette question avait d'autant plus d'importance qu'elle se liait à celle de la date du scellement du coffre, dont l'existence venait de se révéler dans le massif de maçonnerie que le marteau des démolisseurs avait attaqué.

Un examen attentif de ces maçonneries permet de les faire remonter à l'époque de la Renaissance. Les guerres de religion qui suivirent motivaient les précautions qui pouvaient soustraire des reliques aux profanations dont cette époque offrait tant d'exemples en Rouergue.

Le maître-autel, adossé au massif dont il s'agit, devait, dans le remaniement entrepris, être surélevé de deux marches, et ce plan comprenait aussi le déplacement d'une vaste armoire qui régnait derrière l'autel et qui s'y trouvait depuis une époque moins ancienne que le massif de maçonnerie qui la supportait : cette armoire servait à renfermer les vases sacrés et objets précieux composant le trésor de l'église de Conques.

Le nouvel exhaussement de l'autel, rendant le service de son éclairage plus difficile, il devenait nécessaire d'en faciliter l'accès par l'établissement de quelques marches à prendre par bout dans le massif ; ce fut en l'entamant que les maçons mirent à découvert sous leur marteau un des côtés d'une caisse en bois qui, en cédant, laissa voir par ce bout une deuxième caisse recouverte en cuir, ornée de dessins. Les religieux furent aussitôt prévenus, et la tradition du pays, sur les reliques de sainte Foy cachées sous l'autel, prit aussitôt un corps sensible et d'une importance majeure.

L'événement fut aussitôt signalé à Mgr Bourret, qui, se trouvant en tournée dans le diocèse de Vabres, manda aussitôt de faire apposer les scellés et d'attendre ses instructions ultérieures.

Bientôt après ces sages précautions prises, ne voulant pas faire trop longtemps obstacle aux impatiences d'une pieuse curiosité, il nomma une commission de quatre membres, sous la présidence de M. Costes, son vicaire-général, avec mission de se rendre sur les lieux, d'y provoquer la levée des scellés et de dresser procès-verbal de tout ce que les fouilles à poursuivre pourraient révéler.

Ce fut dans ces circonstances que le 26 avril la commission nommée partit de Rodez et arriva à Conques pour remplir sa mission.

L'opération, commencée à deux heures de l'après-midi, fut l'objet d'un procès-verbal clos vers six heures et demie.

Les ouvriers mis par le Révérend Père abbé à la disposition de la commission, immédiatement après la levée des scellés par M. le Juge de paix, retirèrent du massif de maçonnerie la caisse qui s'y trouvait engagée et y était scellée par deux scellements de fer d'une longueur de 10 à 12 centimètres.

Ces scellements, fixés dans un bois détérioré par un long séjour dans ces maçonneries, s'en détachèrent facilement et pourront par leur forme servir à la détermination de la date de leur emploi.

L'essence du bois de la première caisse fut d'abord l'objet d'une incertitude qui fut levée par un menuisier appelé pour l'examiner et qui la reconnut pour être de châtaignier.

Quoique fort altérée dans sa solidité par sa vétusté, cette première caisse put être retirée de la maçonnerie dans laquelle elle avait été bâtie, en son intégrité.

Déposée sur le marche-pied de l'autel, peu d'efforts suffirent pour en dégager la deuxième caisse qu'elle renfermait et dont elle était l'enveloppe. Celle-ci se révéla aussitôt comme ayant une destination supérieure et étant d'une date très antérieure. L'âge *respectif* de ces deux coffres étant d'un intérêt majeur, il convient de les considérer au point de vue de ce rapprochement.

L'épaisseur de la planche de châtaignier était de deux centimètres et demi, et, si l'on considère la force de résistance du bois de châtaignier contre l'humidité et son état d'altération au moment où il était rendu à la lumière et à l'air, la date de son enfouissement semble concorder avec celle des maçonneries de consolidation, c'est-à-dire vers l'époque des guerres de religion.

Quoique protégé contre les ravages du temps par l'enveloppement formé par ce premier coffre, la décomposition du bois dont le deuxième était fait, était cependant beaucoup plus avancée, et cette différence est d'autant plus sensible qu'extérieurement le bois du deuxième était recouvert d'un cuir fin qui le préservait. Il est vrai que l'essence du coffre ainsi revêtu n'était pas la même que celle du bois du premier, mais cette circonstance n'a pas suffi pour démentir le jugement établissant l'âge très antérieur de la première caisse ; sans le cuir qui l'enveloppait elle se serait entièrement effondrée et n'aurait été que poussière. D'ailleurs, tout porte à croire qu'elle était contemporaine des émaux dont son extérieur était décoré et qui lui assignait une destination tenue en grand honneur ; elle en comptait huit sur son couvercle, six sur le devant et cinq sur chacun de ses deux bouts ; en tout vingt-quatre, d'une grandeur de sept centimètres de diamètre pour ceux qui étaient ronds et de dix centimètres en long pour ceux qui étaient ovales.

Ces émaux offriront un moyen de déterminer une date et ont paru remonter au XIe siècle à première inspection.

Le cuir de revêtement, dont il a été parlé, sera lui-même un autre élément plus propre encore à assurer la date de l'antiquité du deuxième coffre.

Passant du contenant au contenu, et venant à l'examen de ce que renfermait ce coffre, il importe de signaler d'abord, qu'au premier aspect se révélait une absence de cet arrangement et de ce classement soigné qui est le propre des reliquaires, et qu'à première vue, venait la pensée d'un entassement fait avec précipitation, en grande hâte. Cette hâte était-elle contemporaine du jour où le double coffre fut caché dans le massif de la maçonnerie d'où il vient d'être retiré, ou remonte-t-elle à une époque antérieure ?

Cette question semble difficile à résoudre. La date de la construction du massif de maçonnerie peut déterminer celle de l'enfouissement du coffre dans ce massif sans caveau, et ce fut sans doute une œuvre de précipitation qui put être déterminée par la crainte d'une profanation ; mais l'ordre intérieur du coffre dut préexister à son enfouissement, et dès lors, le désordre qui s'y est trouvé ne serait pas de cette date, à moins que ce n'eût été une occasion de violation du coffre ?

Quoi qu'il en soit, l'état dans lequel ont été trouvés les objets qu'il renfermait, atteste à la fois et la précipitation et un soin pieux pour les ossements qui s'y sont trouvés ; ceux-ci, en effet, avaient été réunis dans une peau de chamois ou de chevreau, nouée pour retenir son contenu et placée au milieu du coffre sur les objets accessoires détaillés au procès-verbal. Cette disposition semble exclusive de toute pensée de profanation.

D'autre part, comment expliquer la présence dans cette caisse de plusieurs feuilles de plomb toutes lacérées, qui semblent avoir appartenu à un récipient mis en pièces ? La présence de ces fragments n'attesterait-elle pas une déprédation antérieure qui aurait été suivie d'un acte de réparation, lors duquel on aurait associé ces débris aux honneurs réservés aux ossements ?

Cette hypothèse trouverait une confirmation dans l'aspect et l'état de conservation de la peau de chamois ou de chevreau servant d'enveloppe aux ossements, peau dont la souplesse et la couleur contrastait avec la décomposition du bois de la deuxième caisse.

Mais en outre et pêle-mêle avec les morceaux de plomb et de nombreux lambeaux de tissus de soie variée, se trouvait une quantité considérable de morceaux de bois d'une décomposition très avancée, d'une essence différente par la couleur et par l'épaisseur de celle qui avait formé la deuxième caisse. D'où provenaient ces débris, et pourquoi les avait-on renfermés avec les ossements, objet d'un culte pieux attesté par la valeur du coffre qui les renfermait ?

Leur présence ne serait-elle pas un témoignage de plus de la préexistence d'un autre coffre bien plus ancien qui aurait d'abord contenu les ossements et qui, lors de la construction du coffre appelé à lui succéder, aurait été associé à ses débris, dans la vénération accordée à ce qu'il avait contenu.

Quoi qu'il en soit, les impressions qui se sont produites sur les lieux au moment même de l'ouverture et de l'invention de ce qui, dans l'opinion publique, était les reliques de sainte Foy, méritent d'être constatées.

La découverte qui a été faite, après celle de la double caisse, d'une forte pierre cubique, en grès, taillée, dans le vif de laquelle se sont trouvés quelques ossements, constate deux objets distincts de vénération ou reliques dans l'église de Conques. La forme rudimentaire du dernier reliquaire semble attester une antiquité plus reculée, et cette préexistence serait confirmée par des dessins mérovingiens remarqués sur des lames d'os ou d'ivoire qui se sont trouvés mêlés à ces ossements.

Eugène de BARRAU.

(Extrait de la REVUE RELIGIEUSE DE RODEZ ET DE MENDE, *n° du 24 mai 1875, page 237.)*

VI.

TROISIÈME ANNEXE.

Découverte de la date authentique de la châsse émaillée de Conques.

Les fidèles attendaient avec un légitime empressement, le moment heureux où l'Eglise se prononcerait sur le caractère d'authenticité de ces reliques qui permettrait de les exposer au culte et à la vénération des âmes pieuses. On sait que Sa Grandeur Mgr l'Evêque de Rodez se trouvait en tournée de Confirmation, au moment de l'évènement. Les nombreuses occupations qui l'attendaient à son retour ne lui permirent pas de se rendre immédiatement à Conques. Enfin, le lundi 13 juin, Mgr Bourret put accomplir un vœu cher à son cœur, et il vint, pour examiner par lui-même, seul et à loisir, tous les objets soumis déjà à un premier examen de la Commission, nommée par lui, et réservée à sa haute appréciation comme à son jugement doctrinal.

Mgr l'Evêque de Rodez, dès son arrivée, se fit rendre un compte exact et minutieux, d'abord de toutes les circonstances matérielles de l'emplacement, de l'état du local avant et après la découverte, puis des circonstances relatives aux travaux, à l'enlèvement, au transfert, et à l'ouverture des deux reliquaires. On se rappelle que parmi la multitude d'objets divers renfermés dans la châsse, rien jusqu'ici n'était venu révéler une date, une origine précise ; et c'était là cependant ce qui importait à l'authenticité générale des reliques et des reliquaires. On s'accordait bien à reconnaître tous les caractères de la période mérovingienne à plusieurs des éléments découverts : la châsse principale était de style roman. Mais le règne de ce style embrasse des siècles entiers. Dieu, ce semble, réservait à Mgr l'Evêque de Rodez l'une de ces pensées soudaines qui sont comme des révélations du Ciel. A force de réfléchir, et de contempler la châsse émaillée, et de relire les inscriptions si laconiques, il eut le bonheur de tomber tout à coup sur l'inscription recouverte de poussière et de crasse de l'un des émaux, qui par un double rayon de lumière, donnait, à la fois, l'auteur et la date de la châsse principale. Sur le principal émail, en effet, se trouvait gravé en creux sur cuivre ce vers léonin :

† HOC ORNAMENTVM BONE SIT FACII MONIMENTVM.

Personne jusqu'ici n'avait une interprétation exacte de ces paroles, et il convient de reconnaître que la première lecture offre quelques obscurités pour les personnes peu versées dans l'étude des antiquités. Le nœud de la difficulté gît dans la division du mot capital BONIFACIVS. Or, ce mot est le nom partagé en deux, comme on le faisait au moyen-âge, de Boniface, 29° abbé de Conques, qui siégeait à la fin du XI° siècle et au commencement du XII°, entre les prélats Bégon et Gaucelin — et qui rehaussa la dignité de la crosse de Conques par l'un des règnes les plus brillants. — Le mot MONIMENTVM serait pour MVNIMENTVM et le sens serait : « Que cette ornementation soit la sauvegarde, la protection de Boniface.»

Sous le rectorat de Boniface, Henri I°°, roi d'Angleterre, se trouvant en Normandie, lui confirma le privilège qu'il avait autrefois concédé au monastère de Ste-Foy d'Horsan, au diocèse de Norwich — Herbert évêque de Norwich, avait autrefois consacré l'église de ce monastère anglais en l'honneur de la T. S. Vierge et de Ste-Foy — et Eberard son successeur avait confirmé le don de cette église à l'abbé de Conques et octroyé des indulgences spéciales à tous les pèlerins. — Adalard, le célèbre fondateur d'Aubrac, avait soumis cet Hôpital à ce même abbé de Conques. — Pierre, évêque de

Lodève, avait confirmé entre les mains de Boniface, les mai-
sons et les cours que l'Ecolâtre Bernard avait autrefois donnés
à Ste-Foy. — Sous ce même abbé, la comtesse Adèle, fille de
Guillaume, roi d'Angleterre, et de la reine Mathilde, enrichit
de nouveaux bienfaits le prieuré de Calcomier, octroyé autrefois à Conques, par le comte Thibaud de Champagne.

Il n'y avait pas trente années que l'église de Conques avait
été totalement reconstruite par l'abbé Odolric ; les cloitres
étaient à peine achevés par son second successeur Bégon,
et l'illustre Etienne, prédécesseur de Boniface, avait été porté
sur le siège de Clermond-Ferrand. Boniface arrivait donc au
moment opportun pour compléter l'église architecturale par
l'ameublement sacré des autels. Son abbaye possédait les
reliques de sainte Foy depuis plus de 200 ans ; ce fut lui, le
digne et habile successeur de l'architecte de l'église et de
l'architecte du cloitre, alors que la vénérable abbatiale était
parvenue à l'apogée de sa gloire , ce fut lui, à qui revenait la
mission non plus de bâtir mais de décorer la maison du Seigneur. Il n'est donc pas étonnant qu'il ait fait construire cette
précieuse châsse et qu'il y ait fait graver son nom. Peut-être
même a-t-elle été construite dans l'abbaye. Bégon, son prédécesseur, faisait fabriquer lui-même, *me fieri jussit*, les
joyaux et reliquaires conservés jusqu'aujourd'hui dans le trésor de Conques. Les auteurs qui ont écrit sur les origines de
nos émaux français, pensent qu'il y avait une véritable école
artistique, un atelier d'émaillerie dans l'abbaye de Conques.
La main et la pensée des religieux apparaissent à tout ins-
tant dans les œuvres d'art qu'ils nous ont laissées. Ces monuments de leur foi et de leur génie attestent le haut prix
qu'ils attachaient à consacrer tout ce qu'ils possédaient de
rare et de précieux pour rehausser avec éclat le culte des
saints et la majesté de Dieu.

Par cette inscription on a donc la date précise de la fabri-
cation de ce précieux reliquaire ; il a été construit par l'abbé
Boniface qui a tenu le gouvernement de l'abbaye depuis les
premières années du XII° siècle, c'est-à-dire depuis 1103 ou
1104 jusqu'à vers 1130. Il n'est pas douteux qu'en suivant
les textes et les chartes qui se rapportent au temps de ce

abbé et les notices qui peuvent exister sur son compte, on n'arrive à trouver quelque mention d'un travail si précieux. C'est sous cet abbé que le culte de sainte Foy prit une très grande extension et que les plus grandes donations furent faites en son honneur, et rien ne paraît plus juste de conclure qu'il ait voulu donner à la sainte patronne du monastère une châsse digne d'elle et de la renommée que ses miracles lui avaient attiré en tous lieux.

Fr. Louis de Gonzague.

(Extrait de la Revue religieuse de Rodez et de Mende, *n° du 18 juin 1875, page 296.)*

VII.

QUATRIÈME ANNEXE.

Opinion qui rendrait cette date beaucoup plus ancienne.

D'après une note de M. l'architecte Grinda, extraite du procès-verbal du 24 juillet 1875, lors de la vérification détaillée de tous les objets que contenait la châsse en question, la date de ce coffret serait beaucoup plus ancienne, et l'abbé Boniface n'aurait fait qu'ajouter quelques émaux ou simplement fait graver sur l'un d'eux l'inscription dont il a été parlé ci-dessus. Voici cette note :

Coffret de cuir à clous d'argent et émaux.

« IX siècle. — Antérieur à l'époque de l'arrivée de sainte Foy. — La décoration du coffret formant des rinceaux en clous d'argent, est disposée pour les émaux. Le tracé de ces rinceaux et les palmettes qui les décorent, ont un caractère archaïque qui rappelle l'art romain.

» Ces rinceaux ont le même caractère que ceux qui décorent en gravure le magnifique vase en cristal de roche. La disposition générale des émaux et des rinceaux est semblable à celle adoptée pour la décoration de l'A de Charlemagne. »

VIII.

PROCÈS-VERBAL

de la levée des scellés et ouverture des tombeau et reliquaire découverts à Conques le 21 avril 1875.

Les choses sont restées en cet état jusqu'au 14 juillet 1876. Ce jour-là, les travaux de classification et de vérification ont été repris, ainsi qu'en font foi les pièces suivantes :

L'an mil huit cent soixante-seize, le vendredi 14 juillet, en présence et sur l'ordre de Sa Grandeur Mgr Joseph-Christian-Ernest Bourret, évêque de Rodez et de Vabres ;

En présence également de Sa Grandeur Mgr Robert, évêque de Constantine et d'Hippone, du R. P. Thomas d'Aquin, supérieur des Prémontrés de Conques, de M. Grinda, de Marseille, architecte des lieux saints de Provence, du R. P. Louis de Gonzague, missionnaire de la primitive observance de Prémontré, secrétaire,

Il a été procédé officiellement à l'ouverture des scellés et à la reconnaissance des objets découverts le 21 avril 1875 dans un tombeau ou châsse émaillée, et un reliquaire de pierre carré, derrière l'autel majeur de l'église de Conques.

Sur l'ordre de Mgr l'Evêque de Rodez, il a d'abord été donné lecture du procès-verbal de la découverte et de la mise sous scellés, des objets qu'elle renfermait. Lequel procès-verbal, en date du 26 avril 1875, avait été dressé et signé par les membres de la commission spécialement nommée par Mgr l'Evêque de Rodez pour assister à l'ouverture desdits tombeau et reliquaire susmentionnés.

D'après lecture dudit procès-verbal, il a été constaté que tous lesdits objets, après avoir été sommairement inventoriés, avaient été renfermés dans treize corbeilles, vases ou récipients, placés dans un meuble fermant à triple clef, et scellés à quatre endroits avec bandes de toile et cire rouge fixées *ne varietur* avec le sceau épiscopal de Mgr l'Evêque de Rodez.

Les sceaux étant brisés et le meuble ouvert, il a été reconnu par tous que les treize corbeilles, vases ou récipients étaient présents et parfaitement intacts.

D'après l'ordre de Mgr l'Evêque de Rodez, tous ces vases, corbeilles et récipients ont été extraits du meuble, et déposés sur une table, à l'effet d'être examinés, étudiés, inventoriés, et décrits aussi minutieusement que possible, dans une suite régulière de procès-verbaux destinés à être soumis à l'appréciation de Sa Grandeur, pour qu'Elle, en sa haute sagesse, décide ce qui lui paraîtra opportun et convenable.

La vue d'ensemble et l'examen sommaire de ces vases, corbeilles et récipients, nous a fait reconnaître les divers contenus qui suivent.

I.

Dans un plat long en faïence, un amas de cendres et de poussière, avec un mélange nombreux de menus fragments d'ossements, d'étoffes, de charbons, de bois, de cuir, et de métaux divers : le tout d'un poids approximatif de 2 kilos.

II.

Dans un plat rond également en faïence, un semblable amas de cendres et de poussière avec un mélange de débris identique, ossements, étoffes, soieries, charbons, cuirs, papiers, plombs et menus objets divers.

III.

Dans une corbeille de forme ovale, dont les osiers sont entrelacés à jour, un amas de cendres en moindre quantité, avec un mélange de fers oxydés, plumes rongées, papiers déchiquetés, feuilles mortes, etc.

IV.

Dans un grand plat rond en faïence, un amas d'étoffes fines, soieries de grandeur, couleur et dessin divers, trois fragments de bois de couleur rougeâtre.

v.

Dans un plat de faïence plus profond, un autre amas considérable d'étoffes, de tissus divers de toile grossière, avec des fragments de bois, de cuir, plusieurs grands sachets en peau blanche, fermés avec des lanières de cuir nouées. Ces sachets non encore ouverts ni examinés. Des feuilles ou lames d'argent, ornées de perles au repoussé.

vi.

Dans une corbeille d'osier entrelacé à jour, une masse de tissus moins fins, moins ornés que les précédents, avec un mélange de lames d'argent et des fragments de bois et de cuir, détachés du coffre principal.

vii.

Dans un grand plat rond en faïence, ont été trouvés les objets suivants : trois fragments potables d'un vase en cristal de roche ornementé de riches dessins, un fragment de verre irisé ayant appartenu à une coupe large et peu profonde, un autre fragment de verre fortement irisé ayant appartenu au goulot d'une fiole, un petit cylindre en os (1) très finement sculpté auquel il manque l'ouverture (cette ouverture a été retrouvée intacte dans les amas de poussière mentionnés plus haut). Quelques fragments de bois rouge et quelques clous argentés, trois grains d'ambre dont deux de couleur rose translucide et le troisième brun foncé, tous les trois sont perforés. Un fragment d'argent ouvragé ayant servi à la sertissure d'une pierre précieuse. Les quatre griffes s'y trouvent encore intactes. Un fragment de verroterie. Diverses petites lames d'or et d'argent au nombre de douze. Enfin, huit fragments de terre cuite moulée, ayant appartenu à des statuettes différentes de grandeur, d'attitude et de costumes.

(1) Ce petit cylindre a été mêlé par mégarde aux reliques de sainte Foy. Il proviendrait, au dire de M. l'abbé Cérès, l'un des commissaires délégués, du récipient n° xiii.

VIII.

Dans un plat rond en faïence, un amas de divers fragments de plomb calcinés et tordus, avec ferrements divers à décrire ultérieurement, et d'autres débris d'un bois de couleur rougeâtre déjà signalé.

IV.

Dans un plat rond en faïence, un nouvel amas d'étoffes, diverses de grandeur, de couleur, de dessin, et de nouveaux fragments de bois rouge.

X.

Dans une boîte de bois, forme d'un carré long sans couvercle, un amas de fragments de bois, divers de grandeur, de couleur et d'essence, ayant appartenu aux diverses caisses enfermées les unes dans les autres.

XI.

Dans une assiette de porcelaine, un sachet principal de soie jaune rempli de huit autres sachets plus petits. Ces sachets sont richement tissés et renferment encore des cendres cachées dans des toiles fines.

XII.

Dans une boîte en bois avec couvercle, longueur 32 c., largeur 19 c., hauteur 15 c., un grand sachet de peau blanche rempli d'ossements bien conservés, et, à part, une serviette pleine de débris de cendres et de poussière contenant des objets à examiner après le tamisage.

XIII.

Dans un plat long en faïence, nombreux débris de petits ossements et fragments variés d'un coffret en os ciselé avec dessins, divers de forme et de grandeur, amas de cendre et de poussière.

Les soussignés, reconnaissant les susdits vases, présents avec le contenu indiqué, ont signé ce procès-verbal les jour et an susdits pour valoir ce que de droit.

(Suivent les signatures ci-dessus à l'original.)

IX.

EXAMEN ET CLASSEMENT

Des matières des divers récipients.

Le lendemain 15 juillet, les commissaires délégués se mirent à l'œuvre, et commencèrent l'examen et la vérification minutieuses du contenu des divers récipients, en commençant par les numéros xi et iv, ainsi que le témoigne l'acte suivant :

Première séance. — Samedi matin, 15 juillet 1876.

Le samedi quinze juillet 1876, en vertu d'une délégation spéciale de Mgr Bourret, évêque de Rodez et de Vabres. les soussignés, savoir : le R. P. Thomas d'Aquin, supérieur des Prémontrés de Conques, le P. Louis de Gonzague, chanoine régulier du même ordre, et M. Gonzague Grinda, architecte des lieux-saints de Provence, de Marseille, étant réunis dans l'appartement fixé pour l'examen des objets découverts le 21 avril 1875, ont cru devoir commencer leur mission par l'étude des tissus ; en conséquence, la présente vacation a été ouverte par l'inventaire détaillé du récipient placé sous le n° xi dans le procès-verbal de la découverte.

EXAMEN DU RÉCIPIENT N° XI.

Le susdit classement contient l'intitulé suivant :

« Dans une assiette de porcelaine un sachet principal de
» soie jaune rempli de huit autres sachets plus petits. Ces
» sachets sont richement tissés, et renferment encore des
» cendres cachées dans des toiles fines. »

Le poids de ce sachet principal a été trouvé de 44 grammes; il est en soie de couleur jaune à teinte unie et sans dessin. Son diamètre est de 25 cent. Outre les huit sachets dont nous parlerons plus loin, il renfermait des cendres rouges, de petits amas de fins tissus, de légers flocons de fil de soie rouge, le fil était tordu et composé de deux fils.

Nous avons dit que ce sachet principal renfermait intérieurement huit autres petits sachets. Nous avons constaté que six étaient d'une même étoffe, et deux d'une autre même étoffe.

Nous avons trouvé tous ces petits sachets contenant des fragments de toile fine, enroulant des cendres dans leur inrieur. Chaque petit sachet était fermé en trois endroits, par trois points de fils de soie rouge.

Nous avons remarqué plusieurs petits carrés d'étoffe de 8 c. sur 6 c. terminés aux bordures par deux petits ourlets de 5 millimètres dans leur plus grande longueur.

Ces petits carrés étaient roulés, et les deux ourlets cousus l'un à l'autre par trois points de fil de soie rouge.

Il nous a semblé que ces cendres auraient été recueillies et enfermées d'abord dans ces enveloppes de fine toile, puis soigneusement serrées dans ces petits sachets, et enfin rassemblées dans le grand sachet.

Dans le grand sachet, il a été trouvé un phylactère ou bande de parchemin de 10 centimètres de longueur, sur 15 millimètres de largeur. Ce phylactère portait une inscription que la vétusté n'a pu permettre de lire entièrement. Le parchemin est usé et déchiré en plusieurs endroits, mais nous avons distingué encore les lettres suivantes :

À F... MART.

Ces lettres rapprochées des autres inscriptions trouvées dans le coffret, et dont il sera fait mention en son lieu, ont paru au comité d'examen être le reliquat d'une inscription plus complète qui devait être:

SANCTA FIDES MARTYR.

Un ruban de soie jaune servant à attacher le grand sachet

jaune portait 10 centimètres de longueur, sur 9 millimètres de largeur.

Nous avons constaté, dans ces petits sachets, la présence de quelques cheveux mélangés avec les cendres.

EXAMEN DU RÉCIPIENT N° IV.

Le procès-verbal d'ouverture mentionne en ces termes l'intitulé du récipient n° IV :

« Dans un grand plat rond en faïence, un amas d'étoffes » fines, soiries de grandeur, couleur, et dessin divers, trois » fragments de bois de couleur rougeâtre. »

L'attention des examinateurs a été tout particulièrement attirée sur un grand voile de soie damassée, ou du moins enrichi de dessins d'ornement, et portant 1 m. 44 c. de longueur, sur 98 c. de largeur. Le fond général est un dessin d'ornement ton sur ton ; une bande remarquable de nuance bleue, portant 8 centimètres de largeur, orne la partie inférieure de ce tissu ; 24 aigles déployées alternent avec autant de tours et de roses polylobes. Les tours sont crénelées, mais sans encorbellement ni saillie. Le couronnement ne dépasse jamais l'aplomb des murs : caractères propres aux principes de la poliorcétique des Romains. Un autre caractère : la porte de ces tours, ou espèce de Castellum, ne se trouve jamais entre deux tours comme au Moyen-Age, mais au pied même de la plus haute tour centrale.

Nous indiquons, comme document relatif à la question, quelques types de fortifications romaines analogues à notre dessin, qui furent signalées en 1867 en France, à la session du Congrès scientifique de France, par M. Grinda, architecte, dans une étude sur les caractères de l'architecture militaire, romaine et du Moyen-Age.

Les autres objets observés ensuite sont les suivants :

Un amas de cendres précieuses provenant de la décomposition des tissus soyeux, et pesant 160 grammes.

Un autre amas de cendres communes mélangées, pesant 12 grammes.

Quelques fragments d'un bois précieux de teinte rouge provenant d'un petit coffret intérieur, pesant 15 grammes.

Un amas de résidus divers, pesant 75 grammes.

Bourre et étoffes diverses, du poids de 14 grammes.

Enfin plusieurs enveloppes et sachets précieux.

X.

PROCÈS-VERBAUX DES SÉANCES SUIVANTES

Examen des autres récipients et tableau de leur contenu

Le surlendemain, lundi 17 juillet, les séances continuèrent sans interruption, sauf le dimanche, 23 juillet, et on examina successivement les matières déposées dans les autres récipients.

De ces divers examens et analyses, il résulta la constatation suivante que nous donnons par ordre numérique dans les tableaux que l'on va voir.

I RÉCIPIENT.

Nº d'ordre.	Nº de classement.	Désignation des Objets.
1	1 A	Bois rouge. Fragments nombreux.
2	B	Charbons. Quelques légers fragments.
3	C	Bois rouge. Fragments nombreux.
4	D	Résidu.
5	E	Résidu.
6	F	Poussières.
7	G	Poussières.
8	H	Bourre.
9	I	2 perles.
10	J	Plusieurs roses en or.
11	K	Nombreuses feuilles métalliques, or et argent, 13 boutons ou glands.

12	C	Un petit carreau vitrifié, imitation de mosaïque.
13	M	Toile épaisse collée avec enduit
14	N	Plombs fondus calcinés.
15	O	Ossements en débris.
16	P	2 Lapis lazuli sertis chacun dans des plaques d'or filigrané. 5 fragments de verroterie.
17	Q	5 fragments de statuettes.
18	R	5 fragments d'un verre de cristal de roche.
18 bis	T	Clous divers.

II RÉCIPIENT.

19	2 A	Bois rouge.
20	B	Charbons.
21	C	Poussière.
22	D	Poussière.
23	E	Bois rouge.
24	F	Résidu.
25	G	Résidu.
26	H	Bourre.
27	I	Fermeture d'un bijou ciselé.
28	J	2 pierres lapis lazuli dans des plaques d'or filigrané.
29	K	Un grand nombre de feuilles d'or au repoussé.
30	L	Un double tournois 1590.

III RÉCIPIENT.

31	3 A	Cendres et poussière. Poids net 193 grammes.
32	B	Bourre.
33	C	Résidu.
34	D	Grosse charnière fer.

35	E	Fort morceau de bois jaune vermoulu.
36	F	Un anneau de fer.
37	G	Une perle d'ambre perforée.

IV RÉCIPIENT.

38	4 A	Grand voile remarquable.
39	B	Cendres et poussière.
40	C	Cendres et poussière.
41	D	Bois rouge.
42	E	Débris de tissus, bois, parchemin.
43	F	Débris de plusieurs grosses étoffes, toiles, soiries, bois.
44	G	2 sachets avec 1 ossement.
45	H	Une aumônière à 8 rangées de boutons.
46	I	Divers fragments d'un verre en cristal.
47	J	Pierre bleue enchâssée dans un trifolium filigrané.

V RÉCIPIENT.

48	5 A	Sachets.
49	B	Bois rouge.
50	C	Bois rouge.
51	D	Résidu.
52	E	Bourre.
53	F	Etoffes.
54	G	2 grands sachets de peau.
55	H	Toile, doublure collée.
56	I	Poussière.
57	J	Sachets, tissu enroulé.
58	K	Quelques lames de métal.

VI RÉCIPIENT.

59	6 A	Toiles.
60	B	Bois rouge.
61	C	Résidu.
62	D	Bourre.
63	E	Doublure collée, fragments.
64	F	Feuilles de métal.
65	G	Débris de coffret à clous d'argent, cuir.
66	H	Plombs, fragments calcinés.
67	I	Pierre dans un trèfle filigrané.
68	J	Rose feuille d'or.
69	K	Poussière.

VII RÉCIPIENT.

70	7 A	Verre cristal de roche.
71	B	Fragments de statuettes.
72	C	Cylindre en os sans opercule.
73	D	Grains d'ambre perforés [3]
74	E	Bijou argent, sertissure d'une pierre 4 griffes.
75	F	Un fragment de collier, 11 cent.
76	G	Lames métalliques.
77	H	Fragments de bois rouge.

VIII RÉCIPIENT.

78	8 A	Fers, fragments nombreux.
79	B	Plombs, fragments nombreux.
80	C	Bois rouge, fragments nombreux.
81	D	Poussière.
82	E	4 émaux, 3 forme amande, 1 circulaire.

IX RÉCIPIENT.

83	9 A		Bois rouge.
84		B	Toiles.
85		B bis	Toile, doublure collée.
86		C	Soieries.
87		D	Bois rouge dans les étoffes.
88		E	1 sachet soie verte.

X RÉCIPIENT.

89	10 A		Bois divers dans une petite caisse.
90		B	Bois rouge.

XI RÉCIPIENT.

91	11 A		Grand sachet soie jaune contenant 8 autres sachets.
92		B	Sachet contenant des cheveux.
93		C	Trois phylactères dont un provenant du n° IV.

XII RÉCIPIENT.

94	12 A		Sachet de peau contenant de nombreux ossements.
95		B	Un autre sachet de peau vide.
96		C	Ossement gravé.
96 bis		C bis	Ossements brisés.
97		D	Fragments d'étoffes.
98		E	Sachets.
99		F	Charbons.
100		G	Plomb.
101		H	Divers, Perles, boutons, os ciselé, fr. d'œufs d'autruche.
102		I	Quartz taillés, divers fragments.

103	J	Os, terre, bois.
104	K	Cendre provenant de 12 A, 12 B, 12 D.
105	L	Résidu provenant de 12 K, 12 B.
106	Z	Substance résineuse brûlant avec odeur de cire.

La seule énumération de ces divers objets et mélanges prouve surabondamment, ce me semble, que nous sommes en face de plusieurs repositions successives des reliques de notre sainte. Il y a là des objets beaucoup plus antiques que le coffret lui-même, et ces plombs calcinés, ces cristaux taillés, ces étoffes précieuses, ces cendres, ces charbons, ces débris d'anciens bois supposent évidemment que l'on avait antérieurement mis le corps de la martyre, dans des coffres plus anciens, dont on avait soigneusement conservé les débris avec tout ce qu'on avait pu recueillir sur le lieu même de son martyre.

C'est ainsi que dans les feuilles d'or en repoussé, qui sont signalées au II récipient, il s'en trouve une portant en grandes majuscules romaines, ces mots sans aucune séparation : TE DEVS MAGNVS REX E, qui proviennent évidemment de quelque ancienne ornementation précieuse, qui avait été appliquée à quelque reliquaire dont les débris avaient été recueillis et mis dans la nouvelle châsse avec les reliques qu'il contenait.

On doit donner une attention spéciale à ce double tournois signalé au n° 30, récipient n° II, qui a été trouvé sous l'autel, au milieu de la poussière et des débris des caisses qui contenaient les reliques. Par sa date de 1590, il semble bien indiquer l'époque où le précieux dépôt a été caché sous l'autel majeur, après la construction du mur qui avait été élevé dans l'entre-colonnement de l'abside, pour soulager les colonnes calcinées par l'incendie allumé par les protestants, quelques années auparavant.

XI.

PROCÈS-VERBAL SPÉCIAL

**Des ossements qui se trouvaient contenus dans
le récipient n° XII.**

C'était dans le récipient coté sous le chiffre XII, au numéro
12 A, que se trouvaient particulièrement les précieuses reliques. Il convenait d'en faire un examen spécial et approfondi, et de ne point s'en tenir à la recension sommaire qui
avait été faite lors de la découverte. C'est ce qui eut lieu
le dimanche 30 juillet, et ce que va nous apprendre le
procès-verbal suivant :

L'an mil huit cent soixante-seize, le dimanche trente
juillet, à huit heures du matin, se sont trouvés réunis à la
cure de Conques, par ordre de Mgr Bourret, évêque de
Rodez, à l'effet de reconnaître et d'examiner les ossements
découverts dans le coffret et le reliquaire trouvés le 21 avril
1875, sous le maître autel de l'église de Conques, savoir :

M. J.-B. Lala, docteur en médecine.

M. Valadier, conseiller général de l'Aveyron, membre de
la Société des Lettres, Sciences et Arts de Rodez.

Le R. P. Thomas d'Aquin, supérieur des Prémontrés de
Conques.

Le R. P. Marie-Bernard, chanoine régulier de cet ordre.

Le R. P. Louis de Gonzague, secrétaire.

Le R. P. Thomas d'Aquin a présenté à l'examen des
membres présents une boite en bois de forme quadrangulaire,
plus longue que large, avec couvercle, et dans laquelle se
trouvaient un certain nombre d'ossements, dont vingt et un
avaient été déjà reconnus par une détermination sommaire,
à l'époque même de l'invention du coffret, détermination
faite par M. le docteur Lala, et qui consistait dans les
énoncés qui suivent :

1. Os iliaque gauche avec sa cavité cotyloïde.
2. Corps d'humérus du bras (probable).

3. Corps de vertèbre.

4. Cubitus dont l'extrémité supérieure manque.

5. Os iliaque droit avec débris de la cavité cotyloïde.

6. Débris du bassin.

7. Débris du bassin avec sa crête iliaque.

8. Débris de vertèbre lombaire.

9. Tête de cubitus.

10 et 11. Débris de côtes, ou de clavicule, à déterminer.

12. Débris d'un des os des membres, à déterminer.

13. Débris de vertèbre.

14. Débris de vertèbre cervicale.

15. Métacarpien ou métatarsien, à déterminer.

16. Débris d'un des os présumé de l'humérus

17. Débris du bassin.

18. Débris de côte.

19. Débris d'os long, à déterminer.

20. Extrémité cubitale, tête de cubitus.

21. Apophyse de vertèbre, autres débris osseux, à déterminer.

26 avril 1875.

Signé : Dr LALA.

Le R. P. Louis de Gonzague, ayant donné lecture de l'énumération précédente, et M. le docteur ayant examiné de nouveau, et avec le plus grand soin, chacun des ossements susdits, il est résulté de cet examen certaines modifications, et certains rapprochements, que la réunion des membres présents a été d'avis de formuler, de la manière suivante :

1. Os iliaque droit, avec sa cavité cotyloïde, presque entièrement conservé.

2. Corps d'humérus du bras (probable), à déterminer. M. le docteur Lala expose que la longueur de cet humérus pourra indiquer l'âge.

3. Corps de vertèbre, dont les apophyses ont disparu, mais dont les traces du canal médullaire sont bien conservées. L'absence des apophyses empêche de préciser à quelle région appartenait cette vertèbre.

4. Cubitus du bras gauche, apophyses intactes et os complet dans son extrémité inférieure ; l'appartenance de cet os au bras gauche est déterminée par la présence des surfaces articulaires et la convexité de l'os.

5. Fragment de l'os du bassin, à rapprocher du n° 1, avec lequel il ne faisait qu'un seul et même ossement.

6. Ossement indéterminé.

7. Débris du bassin avec sa crête iliaque.

8. Moitié de vertèbre avec apophyse, qui, réunie avec le n° 13, constitue la vertèbre presque entière.

9. Tête de cubitus, déterminée par la présence des surfaces articulaires et la disposition des crêtes osseuses.

10. Corps d'une des côtes.

11. Moitié postérieure d'une côte avec surfaces articulaires conservées.

12. Débris d'os humérus, à préciser.

13. Fragment de vertèbre, réuni au n° 12.

14. Première vertèbre cervicale parfaitement articulée par ses trois surfaces articulaires.

15. Métacarpien ou métatarsien, à préciser. L'exagération de la saillie et la torsion portent à croire à un métatarsien.

16. Débris d'un os d'un membre, présumé le fémur.

17. Morceau de l'os iliaque droit s'adaptant avec précision nos 1, 5, 7.

18. Débris d'une côte supérieure, côté gauche ; sa forme plus horizontale révèle qu'elle appartient à la partie supérieure du tronc. C'est la partie postérieure de la côte.

19. Tiers moyen présumé du corps d'un radius.

20. Extrémité de l'os du tarse ou du métatarse.

21. Extrémité postérieure d'une côte avec ses deux faces articulaires.

Les autres légers fragments réunis à part de l'énumération précédente, n'ont point paru suffisamment déterminables. Mais il a été soumis à l'examen de M. le docteur Lala et des membres présents, deux ossements appartenant à la région moyenne des côtes. L'un de ces fragments porte gravées à la pointe les lettres suivantes en majuscule romaine : FID. Ces lettres sont gravées sur la surface concave. Un

autre fragment se trouve faire suite au précédent en le rap-
prochant de la partie antérieure. Il convient d'ajouter à cette
constatation, que sur la surface concave du premier os, se
trouve tracé un trait horizontal d'un centimètre, lequel trait
se retrouve sur le fragment rapproché avec un caractère de
certitude absolue.

Le tout ayant été dûment constaté, et lecture de ce
procès-verbal ayant été donnée et approuvée pour valoir ce
que de droit, les membres présents ont apposé en témoignage de l'exacte vérité leurs signatures, les jours et an
susdits.

(Suivent les signatures.)

XII.

DERNIÈRE DÉTERMINATION DE CES OSSEMENTS.

**Procès-verbal de l'examen des précieux restes
de sainte Foy, fait par MM. les docteurs Lala
et Viala, le 29 septembre 1878.**

Restait l'analyse du récipient n° XIII; mais comme les
matières déposées dans ce vase ne se rapportent pas aux
reliques de sainte Foy, mais bien aux saints innommés
dont on avait trouvé les restes à côté des siens, elles on
été examinées à part, et il en sera rendu compte un peu
plus loin, dans la cinquième division du présent recueil.

Après ces divers examens et ces classifications particulières, les reliques restèrent encore à Conques dans le
coffre où on les avait mises, et les scellés furent de
nouveau apposés sur elles, jusqu'à ce que l'opportunité
de les faire venir à Rodez, pour les reconnaître authen-
tiquement, se présentât.

Cette reconnaissance fut encore différée jusqu'à l'année
suivante, afin que pendant ce temps-là on fit de nouvelles études historiques et archéologiques sur la précieuse découverte; et enfin, le 9 juin 1877, M. l'abbé
Touzery, secrétaire particulier de Mgr l'Evêque de Rodez,
et délégué par lui, procéda à une nouvelle levée des scellés,

et apporta au palais épiscopal les divers objets étiquetés et numérotés qu'on avait trouvés dans la châsse dont nous venons de décrire le contenu.

Les reliques ainsi apportées de Conques à l'Evêché de Rodez, y sont resté déposées dans un grand secrétaire de l'un des salons, environ une année, pendant laquelle on a fait réparer chez l'orfèvre Poussielgue-Rusand, à Paris, la châsse qui les contenait, et fait fabriquer l'enveloppe qui devait préserver cette châsse elle-même magnifiquement restaurée.

La célèbre statue d'or avait été aussi apportée à l'Evêché, selon qu'il sera dit plus loin, et on en avait extrait le chef de la sainte, après quoi, cette merveilleuse pièce d'orfèvrerie avait été elle aussi envoyée au même orfèvre pour être restaurée et consolidée.

Cependant le jour approchait où il fallait rendre à Conques son précieux trésor, et à la sainte martyre le culte qui lui était dû, et qu'elle semblait demander par les manifestations successives de ses précieux restes. Mgr l'Evêque de Rodez voulut encore, par un dernier scrupule, soumettre à une nouvelle révision de deux docteurs-médecins les ossements qui avaient été déjà examinés deux fois, et le programme de la révision était, 1°, de les réunir un à un pour voir s'ils appartenaient bien à une même personne humaine ; 2°, de vérifier, autant que la science le permettait, si cette personne était une jeune fille de 13 à 15 ans.

Cette nouvelle vérification fut faite à l'Evêché, en plusieurs séances, avec des pièces d'anatomie sous les yeux, et la conclusion des deux médecins fut parfaitement conforme au programme indiqué. Voici, d'ailleurs, le procès-verbal de cette nouvelle investigation.

No 1. Portion d'os iliaque droit avec sa cavité cotyloïde presque entièrement conservée.

2. Tiers moyen d'humerus d'une jeune fille de 12 à 16 ans.

3. Corps de vertèbre *dorsale* dont les apophyses ont dis-

paru, mais dont les traces du canal médullaire sont intactes (os d'une jeune fille de 12 à 16 ans).

4. Radius du bras droit. Toujours d'une jeune fille du même âge. Apophyse à peu près intacte et os complet dans son extrémité inférieure.

5. Portion d'os iliaque gauche comprenant une petite partie de la cavité cotyloïde.

6. Fragment d'os du bassin.

7. Débris du bassin avec sa crête iliaque.

8. Moitié de vertèbre lombaire avec apophyse, qui, réunie avec le *n° 13*, constitue la vertèbre presque entière (*n° 13* moitié de vertèbre lombaire correspondante au n° 8).

9. Tête de cubitus incomplète ; concordance avec l'âge.

10. Débris de côte ; concordance avec l'âge.

11. Moitié postérieure d'une côte gauche avec surfaces articulaires conservées.

12. Débris d'humérus.

14. Portion supérieure du sacrum avec ses surfaces articulaires sacro-lombaires.

15. Métatarsien ; concordance avec l'âge.

16. Débris d'un membre présumé le fémur.

17. Débris du bassin.

18. Portion postérieure d'une côte supérieure du côté gauche (conc. avec l'âge).

19. Tiers moyen présumé d'une clavicule (conc. avec l'âge).

20. Fragment inférieur du péroné gauche.

21. Extrémité postérieure d'une côte avec ses deux faces articulaires.

Dans le paquet 12 A, d'où sont extraits les ossements sus-énoncés, se trouvent des ossements qu'on n'a pu déterminer complètement, excepté un, qui est un fragment de côte auquel on a donné le n° d'ordre général 22, à la suite des précédents. Le reste porte le n° 23, avec la désignation d'*ossements non déterminés*.

De ce même premier paquet 12 A du récipient xii, il a été mis à part une sorte de substance résineuse, brûlant avec une odeur de cire, qui a été portée sous cette rubrique au catalogue général sous le n° 40.

Enfin ont été extraits de ce même paquet les deux fragments d'os gravés qui portent l'inscription FID. (Fides), et que l'on a désignés sous les deux n°ˢ 24 et 25, avec cette indication : *fragments* d'os gravés, et 2 *fragments* de côtes dont l'un porte le nom de FIDES, qui n'auraient dû faire qu'un seul et même n° d'ordre.

Après l'examen des ossements de ce premier paquet 12 A, les docteurs sont passés à l'examen d'un second, tiré du même sachet, et désigné dans l'inventaire généra sous ce chiffre : 12 C *(bis)*, et voici la suite de leurs conclusions :

12 C. Une partie des ossements ne peut se déterminer. L'autre partie se détermine ainsi :

1° La moitié supérieure d'une molaire ayant conservé son émail.

2° Une double racine d'une dent.

3° La racine d'une dent canine.

3 *(bis)* Un fragment de dent.

4° Un fragment de côte à origine douteuse.

5° Un 2ᵉ fragment de côte, partie postérieure avec surface articulaire.

6° Un fragment de fémur, partie moyenne.

7° Fragment de la surface articulaire supérieure de l'humérus.

8° Fragment inférieur de métacarpien, avec une partie de son articulation inférieure; conc. avec l'âge.

9° Fragments de côte.

10° Fragments de vertèbres.

11° Fragment de cavité particulière.

12° 3 Fragments d'os de la face.

13° Fragment du bassin.

Il y a une harmonie parfaite entre ces ossements; on voit qu'ils ont fait partie d'un même corps. Si nous l'avons fait remarquer particulièrement pour quelques uns d'entre eux, c'est que cette harmonie est plus sensible que pour

les autres ; mais tous sont bien d'une jeune fille de 12
à 16 ans, ceux du moins que nous avons pu reconnaître.

Signés : Dr LALA,

Dr VIALA.

XIII.

ORDONNANCE

DE MGR L'ÉVÊQUE DE RODEZ ET DE VABRES

**Portant reconnaissance des reliques de sainte
Foy, vierge et martyre à Agen, et décrivant
leur déposition dans la châsse nouvellement
réparée qui a été trouvée dans l'église de
Conques, dans l'intérieur du mur qui reliait
et soutenait les colonnes de l'abside.**

Les démonstrations historiques, scientifiques et archéologiques étaient complètes. On était bien en présence des
reliques de sainte Foy, vierge et martyre, telle que la
tradition les avait vénérées à Conques, et l'on avait tous
les témoignages que la certitude morale la plus exigeante
peut réclamer.

En conséquence, Mgr l'Evêque de Rodez rendit l'ordonnance suivante, et ayant porté lui-même avec plusieurs
membres de son clergé les précieux restes de la sainte et
les objets divers qui les entouraient chez les religieuses
Carmélites de Rodez, il procéda à un nouvel ensevelissement de la glorieuse martyre, selon l'ordre qui est décrit
dans ladite ordonnance.

Joseph-Christian-Ernest BOURRET, par la miséricorde
divine et la grâce du Saint-Siège apostolique, évêque de
Rodez et de Vabres.

Faisons savoir à tous ceux à qui il appartiendra, que le
26 avril 1875, nous avons fait l'ouverture de la châsse
que l'on avait découverte à l'église de Conques, dans le

mur qui se trouvait entre les colonnes derrière le maître-
autel. Cette châsse était en très mauvais état, et contenait
dans un grand sac en peau des ossements, et, dans d'autres
enveloppes mêlées ensemble, de nombreux fragments de
bois, toiles, bourres, étoffes de soie, charbons, poussières,
débris de fer et de bijoux, etc., etc.

Après un examen très approfondi, nous avons constaté
que ces ossements étaient ceux du corps de sainte Foy,
vierge et martyre à Agen, selon ce que portent la tradition
et les monuments historiques, en particulier ceux qui ont
été recueillis par les Bollandistes.

Nous en avons encore obtenu la preuve par une inscription
gravée sur une des côtes où on lit ces mots : FID., et encore
par le témoignage de trois vieux phylactères en parchemin que nous avons fait revivre, au moyen de réactifs, et
où l'on peut clairement lire ces paroles : RELIQUI S. FIDEI.
V. M., et ces autres REL. SA. FIDIS. V. M. — FID. V. M.

Après avoir fait réparer très convenablement la châsse
par M. Poussielgue-Rusand, orfèvre à Paris, et reconnaître, par MM. les docteurs Lala et Viala de Rodez, la
nature des ossements, nous avons partagé en deux étages
ce précieux coffret, au moyen d'une planche recouverte de
drap d'or. Dans le fond nous avons mis les matières provenant des anciennes enveloppes, bois, cendres, plomb, étoffes,
etc., en ayant soin d'enfermer dans des boîtes de bois poli
celles qui n'étaient pas encombrantes et qui étaient pulvéri-
sées. Sur la planche en drap d'or, nous avons attaché chacun
des ossements à part, plié dans une soie rouge, et portant un
n° d'ordre écrit en chiffres romains sur parchemin. Voici
d'ailleurs l'ensemble de ce travail et des nouveaux n°ˢ d'ordre :

1 Portion d'os iliaque droit.
2 Tiers moyen d'humérus.
3 Corps de vertèbre dorsale.
4 Radius du bras droit.
5 Portion d'os iliaque droit.
6 Fragment d'os du bassin.

7 Débris du bassin.

8 Moitié de vertèbre lombaire.

9 Tête de cubitus incomplète.

10 Débris de côte.

11 Moitié postérieure d'une côte gauche.

12 Débris d'humérus.

13 Moitié de vertèbre lombaire. Réuni au n° 8 il constitue une vertèbre entière.

14 Portion supérieure du sacrum.

15 Métatarsien.

16 Débris d'un membre présumé le fémur.

17 Débris du bassin.

18 Portion postérieure d'une côte supérieure du côté gauche.

19 Tiers moyen présumé d'une clavicule.

20 Fragment inférieur du péroné gauche.

21 Extrémité postérieure d'une côte.

22 Fragment de côte.

23 Ossements non déterminés.

24 Fragment d'os gravé (Le même que le suivant).

25 2 fragments de côtes dont l'un porte le nom de FIDES.

26 Moitié supérieure d'une molaire avec son émail.

27 Double racine de dent.

28 Racine d'une dent canine.

29 Fragment de dent.

30 Fragment de côte d'origine douteuse.

31 Fragment de dent.

32 Partie moyenne de fémur.

33 Fragment de la surface articulaire supérieure.

34 Fragment supérieur de métacarpien.

35 Fragments de côtes.

36 Fragments de vertèbres.

37 Fragment de cavité particulière.

38 3 fragment d'os de la face.

39 Fragment du bassin.

40 Substances résineuses brûlant avec odeur de cire.

41 Cendres et poussières.

42 Cendres et poussières.

43 Statuettes-fragments.

44 Débris plus grossiers d'étoffes, toiles, bois, soieries, etc.

45 Fragment ou d'os ? ou terre ? ou bois ?

46 Lames de métal et divers ornements d'or, d'argent et de fer provenant des débris des châsses.

47 Charbons.

48 Grand voile (1).

49 Cristaux de roche.

50 Peau de chamois pliée.

51 Peau de chamois qui recouvre les ossements.

52 Différents sachets.

53 Grand sachet contenant 8 sachets plus petits.

54 Bois rouge.

55 Débris de tissus, bois et parchemins.

56 Plomb calciné

57 Cylindre os ciselé (2).

58 Cendres et poussières provenant de tissus et d'ossements.

59 Cendres et poussières provenant du grand voile.

60 Fragments d'étoffes.

61 Amas de toiles grossières.

62 Toile doublure.

63 Gros sachet enroulé en forme de dé contenant un fragment (corps dur).

64 Clous divers.

65 Fragments de pierre et quartz taillés.

66 Petits boutons ou glands.

67 Perles d'ambre et autres.

68 Petit collier.

69 Six fragments de verroterie.

70 Un phylactère en vieux parchemin, et les fragments de deux autres, portant en abrégé l'inscription : *Reliquiæ sanctæ Fidei*, ou *Fidis*, *V. martyris*.

Nous avons conservé à part une grande pièce de soie qui semble avoir enveloppé le corps de la sainte, ainsi que la

(1) Nous avions d'abord enroulé ce voile aux pieds de la châsse en cuir avec émaux, entre cette châsse et son enveloppe glacée.

(2) Voir la note *page 34.*

plupart des soieries en bon état qui avaient recouvert ses reliques, et une sorte d'aumônière de soie verte à plusieurs rangées de boutons de même étoffe, pour être exposées dans un autre reliquaire apparent. Nous avons aussi réservé sur les ossements les numéros 3, 10, 12, 15, 27, 48, une certaine quantité des cendres et poussières, et les petits ossements brisés, pour en faire de petits dons aux personnes ou aux églises qui désireraient posséder quelque chose de notre sainte. Nous avons aussi fixé quatre ampoules, en cristal et argent, aux quatre pieds de la châsse en cuir pour la vénération des fidèles. Les deux de face contiennent des cendres et poussières provenant du corps de la sainte, et des débris des étoffes et des anciennes châsses ; la troisième, un sachet où sont des cheveux et des débris d'ossements ; la quatrième, des débris de charbons et de bois calciné. Le tout avec des inscriptions appropriées. Une certaine partie des cendres et des poussières a été pareillement réservée et remise aux Pères Prémontrés pour les mettre dans de petits reliquaires.

Le petit carreau vitrifié, imitation de mosaïque, et les quatre lapis-lazuli sur plaques d'or filigranés, n⁰ˢ 16 et 28, ont été employés par Nous à faire faire un anneau pastoral en forme de reliquaire, où se trouvent des cendres de la sainte, que nous portons aux jours de fête, et qui doit retourner après notre mort au trésor de Conques.

La châsse ornée d'émaux a été renfermée dans une belle enveloppe en bronze doré, parsemée de nombreuses pierreries données par les femmes et autres personnes pieuses du diocèse.

En foi de quoi, nous avons signé le présent procès-verbal, le 5 octobre 1878, veille de la fête de sainte Foy.

† ERNEST,

évêque de Rodez et de Vabres.

Ces diverses opérations d'arrangement et de réposition ont

été faites, avec grand soin et grande piété, par les religieuses Carmélites de Rodez sous notre œil et notre direction, car nous tenions à présider nous-même à l'ensevelissement de notre aimable petite sainte. Le tout a été recouvert de ouate et de coton, et nous avons étendu sous le couvercle les sacs en peau de chamois qui avaient contenu primitivement ses vénérables ossements et les autres pieux objets qui les accompagnaient.

Nous avons mis sous ces sacs les procès-verbaux en parchemin, les phylactères dont nous donnons ci-après le fac-similé, encadrés et bien tendus entre deux glaces. Nous y avons inséré aussi un exemplaire de notre Mandement sur la circonstance, notre photographie et une prière que nous avons composée à la douce martyre, pour nous mettre sous sa pieuse protection et lui recommander notre diocèse et en particulier nos communautés religieuses.

Sur la surface interne du couvercle du coffre restauré, nous avons fait clouer une petite plaque d'argent, portant ces mots : *Corpus sanctæ Fidis, v. m. Aginnensis.*

XIV.

TABLEAU COMPARATIF

Des objets contenus dans les divers récipients avec le nouvel ordre de disposition qu'ils ont reçu dans la châsse restaurée.

On a vu par les procès-verbaux précédents qu'il n'y avait pas un ordre exact dans la disposition première des reliques. Elles étaient renfermées dans une grande besace en peau de chamois, laquelle contenait un pèlemêlé d'autres sacs remplis eux-mêmes des diverses substances que l'on a successivement décrites, et le tout s'était confondu avec les débris des bois de la châsse et de son enveloppe de châtaignier, de sorte qu'il a fallu procéder à un triage minutieux.

Quand ce triage a été fait, on a remis ensemble les objets de même nature, tels que bois, charbons, résidus, cristaux, sachets, étoffes, doublures, et c'est ce qui explique pourquoi le nouveau classement de la châsse a moins de numéros d'ordre que l'inventaire des divers récipients.

Par contre un seul numéro du xiie récipient, coté 94 — 12 — A, se trouve avoir 25 numéros, parce que ce sachet contenait proprement les ossements et les reliques, qu'il fallait faire surtout ressortir dans l'intérêt du culte de la sainte et de la piété des fidèles.

Pareillement, le n° de ce même récipient, coté 96 *(bis)* — C *(bis)*, en a 14, parce qu'une partie de ces ossements, d'abord classés comme indéterminés, a pu prendre nom et figurer au tableau sous une mention spéciale.

Nous donnons d'ailleurs ci-après le tableau comparatif des deux classements, afin que l'on sache bien où se trouvent, dans le nouveau, les cotes de l'ancien. Le rapport des chiffres est exact; cependant la similitude des étiquettes aurait pu faire faire quelque petite erreur, mais elle serait sans importance; car en définitive il importe peu par exemple qu'on indiquât un numéro de cendres et poussières, mêlé avec un numéro différent de celui qu'on désigne, quand les objets sont de même nature,

Numéros d'ordre dans la châsse restaurée	Numéros d'ordre des récipients	Numéros d'ordre dans la châsse restaurée	Numéros d'ordre des récipients
1	94	35	96 *bis.*
2	94	36	96 *id.*
3	94	37	96 *id.*
4	94	38	96 *id.*
5	94	39	96 *id.*
6	94	40	106
7	94	41	15
8	94	42	4, 5, 6, 7, 21, 23, 24, 25, 31, 51, 56, 61, 69, 81, 105
9	94		
10	94		
11	94		
12	94		
13	94	43	17, 71
14	94	44	8, 26, 32, 33, 43, 52, 62
15	94		
16	94	45	103
17	94	46	10, 11, 12, 16, 28, 29, 30, 34, 36, 44, 58, 64, 67, 68, 74, 76, 78, 83
18	94		
19	94		
20	94		
21	94		
22	94		
23	94	47	2, 20
24	94	48	38
25	94	49	18, 46, 70
26	96 *bis.*	50	94
27	96 *id.*	51	95
28	96 *id.*	52	44, 48, 54, 88, 98
29	96 *id.*	53	92, 93
30	96 *id.*	54	1, 3, 19, 23, 41, 49, 50, 60 77, 80, 83, 87, 89, 90
31	96 *id.*		
32	96 *id.*		
33	96 *id.*		
34	96 *id.*	55	35, 42

Numéros d'ordre dans la châsse restaurée	Numéros d'ordre des récipients	Numéros d'ordre dans la châsse restaurée	Numéros d'ordre des récipients
56	14, 66, 79, 99	64	18 *bis*, 65
57	27, 72	65	102
58	104	66	45, 101
59	39, 40	67	9, 37, 73, 101
60	33, 77	68	75
61	13 57, 84	69	18
62	63, 85	70	93
63	57		

PREMIÈRE ANNEXE AUX PROCÈS-VERBAUX QUI PRÉCÈDENT.

Phylactères et inscriptions.

Nous avons dit que, dans les débris et les poussières que contenaient le grand sachet qui renfermait les reliques de sainte Foy, nous avions trouvé des inscriptions sur parchemin qui donnaient la véritable étiquette de notre précieux trésor.

Ces petites bandes de velin étaient fort endommagées, et c'est à peine si on pouvait à l'œil nu, et même à la loupe, découvrir quelques lettres. M. l'architecte Grinda soumit ces petits bouts de parchemin à des réactifs énergiques qui firent parfaitement ressortir les inscriptions, dont on trouvera le fac-simile à la fin du volume, et que nous avons remises dans la grande châsse après les avoir étendues entre deux glaces.

DEUXIÈME ANNEXE

Lettre de Mgr l'Évêque de Rodez et de Vabres à M. l'abbé Alazard, rédacteur de la REVUE RELIGIEUSE, pour l'œuvre de sainte Foy-la-Grande.

Par la lettre suivante qu'il nous fait l'honneur de nous adresser, Mgr l'Évêque demande à ses diocésains de prendre à cœur l'œuvre de sainte Foy. Ses restes vénérés ayant été découverts, il est convenable de les renfermer dans une châsse digne de la grande sainte, digne aussi des autres reliquaires qui forment à Conques un des plus beaux trésors qui soient au monde.

Chacun voudra témoigner sa dévotion envers l'héroïque vierge qui, à l'âge de 13 ans, donna l'exemple de toutes les vertus, subit glorieusement le martyre et fut ensuite investie par Dieu d'une puissance qui se manifesta par de grands et magnifiques miracles.

Un comité de dames a été formé par Mgr l'Evêque de Rodez, sous la présidence de Mme de Séguret, née de Saincric. La semaine prochaine, nous en publierons les noms avec une circulaire que ces dames adressent aux fidèles :

Evêché   *Rodez, le 3 juin 1878.*
de Rodez
et
de Vabres

Mon cher Monsieur l'Abbé,

Je vois avec beaucoup de plaisir et de satisfaction que toutes les bonnes œuvres recommandées par la *Revue religieuse*, que vous dirigez avec zèle et talent, trouvent l'accueil le plus favorable auprès de vos lecteurs. Cela ne m'étonne point de la part d'un clergé et de fidèles qui sont habitués à toutes les générosités et à tous les sacrifices.

Il ne faudrait point cependant que les œuvres lointaines, si bonnes fussent-elles, nous fissent oublier les œuvres diocésaines, qui ne manquent pas, elles aussi, d'importance ni d'intérêt.

Les pieux abonnés de la *Revue* n'ont point perdu, je l'espère, le souvenir de cet article de notre dernier mandement de carême, qui les appelait à concourir à la restauration de la magnifique statue de sainte Foy, et de la non moins belle châsse en cuir émaillé qui renferme les reliques de la grande patronne de Conques.

Nous avons, en particulier, fait un appel aux dames

chrétiennes qui voudraient faire incruster des bijoux sur cette châsse admirable, comme on l'a fait pour la couronne de Notre-Dame de Ceignac.

Rien ne m'a été encore remis ; cependant le temps presse. La commission des monuments historiques, à Paris, qui a bien voulu diriger elle-même les travaux de restauration de ces objets d'art de première valeur, a terminé toutes les mesures préparatoires, et l'habile orfèvre, a qui cette tâche a été confiée, va mettre la main à l'œuvre.

Il faut donc que, sans plus de retard, les personnes qui auraient la pieuse intention de faire mettre quelques bijoux sur la châsse de sainte Foy nous les fassent parvenir d'une manière sûre et directe. Ceux de nos prêtres ou autres personnes qui auraient également reçu commission de nous remettre quelque objet précieux ayant ce but et cette destination, ne manqueront pas de nous l'adresser dans la quinzaine, pour que nous puissions transmettre en temps utile à l'orfèvre ces divers témoignages de la piété de nos fidèles envers la grande sainte dont nous possédons les précieuses reliques.

Sainte Foy est la sainte Agnès et la sainte Cécile des Gaules. Notre diocèse a le bonheur de posséder son chef vénéré et une grande partie de ses ossements. Si un pareil trésor était à 600 lieues d'ici, on entreprendrait des voyages dispendieux pour le visiter. Il ne faudrait pas nous endormir à côté de merveilles que tant d'autres seraient si heureux de posséder. Nous espérons que tout sera prêt pour faire la translation des reliques de notre illustre martyre, le jour de sa fête 6 octobre prochain. De grandes solennités auront lieu à cette occasion à Rodez et à Conques. Les évêques, nos frères, viendront, je l'espère, en grand nombre, rehausser l'éclat de la marche triomphale que nous préparons, à travers toutes les paroisses du parcours, à la glorieuse patronne de l'Agennais devenue, par les divines bontés de la Providence, la patronne et la protectrice de notre Rouergue.

Que les prêtres qui liront ces lignes avertissent en chaire leurs paroissiens de ce dernier appel que nous faisons à leur

piété et à leur charité, et agréez pour vous-même, cher
Monsieur l'Abbé, l'assurance de mes sentiments affectueux
et dévoués.

† ERNEST,

évêque de Rodez et de Vabres.

(Extrait de la REVUE RELIGIEUSE DE RODEZ ET DE MENDE,
n° du 7 juin 1878, page 353.)

TROISIÈME ANNEXE

Description de la châsse, aux émaux et de l'enveloppe qui la recouvre.

M. Grinda veut bien nous communiquer la description de
la châsse de sainte Foy. Il nous donnera la semaine prochaine
celle de la châsse qui est destinée à protéger la statue d'or
de la glorieuse martyre.

Cette description suffira pour donner une idée de ces
œuvres d'art. M. Grinda décrit jusqu'aux plus petits détails.
Il n'oublie qu'un point; nous y suppléons. M. Grinda a fourni
les dessins des deux châsses. Pour les faire il s'est inspiré
des autres chefs-d'œuvres de Conques, de l'architecture de
l'église et il a pu ainsi concevoir des reliquaires qui prennent
une place à part parmi les richesses incomparables du trésor
de la célèbre abbaye.

De son côté, M. Poussielgue, qui avait préalablement fait
le voyage de Conques, a réalisé avec un art merveilleux, le
plan qui lui était présenté et il l'a fait avec un fini et une
perfection dignes d'admiration.

Les personnes qui ont offert des bijoux, pierres précieuses,
etc., etc., apprendront avec plaisir que toutes les pierres avec
leur enchâssement ont été placées sur les reliquaires et disposées avec beaucoup d'art. De plus, les fragments d'or et
d'argent qui n'ont pu être enchâssés ont été fondus et ont
servi à dorer ou à argenter les diverses parties du reliquaire.

La nouvelle châsse de sainte Foy se compose de deux parties distinctes. L'antique coffret en cuir, découvert en 1875 dans le mur du sanctuaire de l'église de Conques et la châsse proprement dite en bronze doré destinée à renfermer et à protéger cet antique coffret qui a contenu pendant plusieurs siècles les précieuses reliques de sainte Foy.

Le coffret mesure 58 centimètres de lon   ur, et 39 cent. de largeur et de hauteur. Il est en bois dur, recouvert de cuir noir et décoré de riches rinceaux et arabesques formés de petits clous d'argent à tête ronde.

Ces gracieux agencements de traits dans le genre carlovingien rappellent les traditions antiques par les palmettes et le goût exquis des enroulements.

Cette décoration simple, mais d'un grand effet, est relevée par l'application de 24 plaques convexes d'émaux champlevés, les unes en forme ronde, les autres en forme d'amande d'un travail et d'un art remarquable. Les émaux aux vives couleurs représentent des aigles bysantines tantôt entrelacées, tantôt adossées.

Un des émaux circulaires présente gravée sur le bord en métal l'inscription suivante en vers léonins : *Hoc ornamentum Bone sit facii monimentum.* Le nom de l'abbé Boniface qui gouvernait l'abbaye de Conques en 1110 et en 1119, se trouve intercalé dans le vers.

Les émaux sont certainement plus anciens que ne le ferait croire cette inscription, ils ont été appliqués sur ce coffret comme les pierres antiques gravées ont été placées sur la statue pour la décorer et l'enrichir. L'abbé Boniface fit graver sur le bord de l'un d'eux l'inscription que nous venons de rapporter, lorsqu'il fit confectionner ce précieux coffret. L'ancienne serrure circulaire existe encore sur la façade antérieure, ainsi que les quatre pieds de fer forgé qui soutiennent le coffret par les angles.

Admirablement restauré, ce coffret fait le plus grand honneur à l'habile artiste qui a été chargé de sa restauration. L'œil le plus exercé ne peut découvrir les parties refaites et on peut dire qu'il est aujourd'hui aussi complet et aussi parfait que lorsqu'il sortit, il y a bientôt huit cent ans, des mains de Boniface. Le temps y a déposé cette patine qui harmonise toute choses et inspire ces sentiments de respect que l'on éprouve en présence de ces antiquités.

L'intérieur, revêtu de satin rouge, renferme les précieux restes de l'illustre sainte, soigneusement enveloppés dans des étoffes précieuses, les procès-verbaux et les authentiques sur vélin retenus par des cordons de soie et scellés du grand sceau de Mgr l'Evêque de Rodez.

Un pareil reliquaire ne pouvait rester sans enveloppe exposé aux injures du temps et aux dégradations pires qui proviennent du fait des hommes.

Mgr Bourret, avec le goût exquis qui le caractérise, s'entourant des connaissances des hommes spéciaux, résolut de faire fabriquer une riche châsse destinée à renfermer l'antique reliquaire et donna lui-même l'idée et le programme de cette conception. M. Grinda, architecte, fut chargé par Sa Grandeur de composer un dessin en harmonie avec les autres.

M. Poussielgue, l'habile artiste que l'on connait, fut chargé de l'exécution difficile d'une pareille œuvre. On peut dire sans crainte d'être contredit que cette nouvelle châsse pourra prendre place à côté des remarquables et riches pièces d'orfèvrerie qui composent l'inappréciable trésor de Conques.

Cette belle châsse entièrement en bronze doré mesure à sa base une longueur de 87 cent. sur 52 de largeur ; sa hauteur à la naissance du toit est de 60 cent.

Elle se compose de quatre glaces dans un cadre de bronze à fines torsades bordant une rangée de perles qui se détachent en or bruni sur un fond or mat. Les angles et pans coupés laissent la place à quatre statuettes de 33 cent. de hauteur également en bronze, d'un travail et d'une exécution parfaits à tous les points de vue. Elles reposent sur un ressaut du socle en forme d'octogone, et sont surmontées d'un couvre-chef à plein cintre avec tourelles aux angles et terminé par une petite coupole.

Un toit à quatre pentes douces recouvre la châsse dont le couronnement est formé par une très belle statuette représentant sainte Foy. Revêtue du gracieux costume romain, la tête ornée d'une riche couronne, la sainte tient dans sa main gauche le glaive et dans la droite le gril et la palme de son glorieux martyre ; les yeux levés vers le ciel son candide visage semble supplier Dieu d'exaucer les pieux fidèles qui ont si puissamment contribué par leurs libéralités à l'éclat de son culte.

Nous avons dit que les angles étaient occupés par quatre statuettes tenant dans leurs mains des phylactères avec inscription. Elles représentent les personnages augustes qui résument toute l'histoire des diverses translations des reliques de sainte Foy, depuis saint Dulcide d'Agen, en l'an 405, jusqu'à Mgr Bourret, dont le zèle inépuisable vient de rétablir d'une manière si digne le culte de la puissante protectrice du Rouergue. Sur la face principale le personnage de droite en vêtement épiscopal tient dans ses mains un phylactère sur lequel on lit en gravure :

J. C. ERNESTVS EPVS MDCCCLXXVIII.

Celui de gauche vêtu de la coule monastique des enfants de St-Benoit, présente un phylactère ou sont gravés ces mots :

ODOLRICVS ABBAS ML.

Sur la face postérieure le personnage de droite est un évêque dont les mains tiennent l'inscription suivante gravée sur un phylactère à moitié déroulé :

DULCIDIVS EPVS CCCCV.

Celui de gauche avec le costume des abbés du moyen-âge offre l'inscription qui suit et qui donne comme pour les précédents le nom du personnage et la date :

STEPHANVS ABBAS DCCCCXL.

Comme complément historique dans des ressauts en plein cintre de la frise se détachent en émail au vif coloris, diverses armoiries qui sont celles des papes Pie IX et Léon XIII, celles de Mgr Bourret, celles de l'abbaye et de la ville de Conques et de l'ordre de St-Norbert, dont les dignes fils sont commis à la garde du précieux dépôt des reliques.

Tel est la forme et la composition de cette châsse dont toutes les parties sont dorées soit en or bruni soit en or mat dont le constraste produit un brillant effet encore rehaussé par la vive coloration des aimants. De fines gravures d'un style correct et riche à la fois décorant les rares parties lisses et les retouches au burin sur presque toutes les parties donnent à cette œuvre un fini et une valeur qui n'échappera pas à l'œil scrutateur du puriste et de l'amateur difficile.

Nous n'avons pas encore parlé de la parure de cette châsse due à la générosité et à la piété des fidèles. A l'appel de Mgr Bourret, appel exprimé dans une lettre adressée à M. l'abbé Alazard, rédacteur de la *Revue religieuse*, de tous les points du diocèse, des dons nombreux sont arrivés et la pieuse tradition des âges anciens s'est continuée de nos jours. Toute la famille du Rouergue a tenu à honneur de donner des pierres fines, des bijoux de toutes sortes pour former la parure de cette belle châsse. Tous ces objets, témoignage de la foi d'un peuple, sont certainement le plus bel ornement de cette œuvre d'art.

L'artiste, avec un goût parfait, a su semer sur toutes les parties de la châsse cette multitude de pierres précieuses et ces nombreux bijoux ; il a su tirer de tout cela le meilleur parti.

L'effet de toutes ces pierres sur les socles, les frises, la toiture et sur les piédestaux des statuettes au milieu des gravures faites pour les recevoir, est des plus brillants. Les chaînes d'or disposées le long des rempants des toits enrichissent la silhouette de ces angles, et les pierres précieuses semées avec un art sur ce toit, complètent la riche décoration de cette châsse.

Il serait long et difficile de faire la description détaillée de ces pierres fines et des bijoux, et aussi d'indiquer la place que chacun occupe, nous ne l'entreprendrons pas, et nous terminerons par la description du sceau antique de l'abbaye de

Conques, dont la reproduction en bronze doré est placée sur la face antérieure au milieu des pierres précieuses qui décorent le socle.

Ce sceau, en forme d'amande, a 7 centimètres dans sa plus grande longueur et 4 cent. 1/2 dans sa largeur. A la partie supérieure, sainte Foy est représentée nimbée et couronnée, tenant une palme dans la main droite et un livre dans la gauche, au dessous, six moines rangés trois à trois sous un palmier qui occupe le centre du sceau sont représentés à genoux, les mains jointes, et semblent adresser à sainte Foy l'invocation gravée sur une banderolle en demi cercle :

DVC NOS QVO RESIDES, INCLYTA VIRGO FIDES

« Conduis nous où tu demeures, illustre vierge Foy. »

L'exergue du sceau est occupée par l'inscription suivante :

S. POR. ET COVETVS. MON. CONCHEN AD CAVSAS, ET LRAS. CLAVSAS.

« Sceau du monastère et du couvent des moines de Conques, pour clore les expéditions et les lettres. »

(Extrait de la Revue religieuse de Rodez et de Mende, n° du 4 octobre 1878, page 627.)

DEUXIÈME PARTIE

Actes concernant le grand voile.

On a vu par ce qui précède que, parmi les tissus de soiries qui étaient enfermés dans les reliques de la sainte martyre, il y avait une grande pièce d'étoffe que nous avons désignée sous le nom de *grand voile* de sainte Foy, et que nous avions tout d'abord enroulée aux pieds de la châsse aux émaux, entre cette châsse et l'enveloppe qui la protège.

Nous avons pensé que, pour une relique de cette valeur et de cette dimension, il convenait d'avoir un reliquaire à part, et de ne point faire de cette pièce importante un simple accessoire du contenu de la châsse.

En conséquence, nous avons fait faire le reliquaire dont on trouvera la description ci-après, et nous y avons inséré le grand voile de la sainte, avec des fragments des autres étoffes de soie les mieux conservées, que nous avons gardées ta n pour la vénération des fidèles, que pour offrir à l'art des spécimens de tissus et des dessins de ces temps éloignés.

Qu'était-ce bien que cette grande pièce d'étoffe ? Était-ce réellement un vêtement de la sainte, cette *palla* que portaient les anciennes romaines ? Ses dimensions, sa forme, les dessins qui y sont représentés ne rendent pas cette opinion improbable. N'est-ce, comme les autres soieries, qu'une pièce d'ornement, mise là à cette époque ou à une autre plus récente pour conserver les reliques de la vierge agenaise et envelopper ses précieuses cendres ? C'est encore une hypothèse qui peut se soutenir. Nous devons dire cependant que le grand nombre des tissus anciens, que nous avons trouvé mêlés aux ossements et autres débris que renfermaient la châsse, nous porteraient à penser, qu'on y a déposé dès l'origine des pièces d'étoffe qui avaient appartenu à la glorieuse martyre, ou que la piété des fidèles avaient trempé dans son sang ; car une ou deux de ces pièces, au dire des hommes experts auxquels nous les avons soumises, sembleraient présenter de larges maculatures de sang.

Quoiqu'il en soit de ces hypothèses sur lesquelles nous laissons la critique s'exercer, voici les actes qui concernent cette partie des reliques de notre aimable sainte.

I.

PROCÈS-VERBAL

Du retrait du grand voile de sainte Foy et des autres pièces de soie qui l'accompagnaient du bas de la châsse en cuir épinglé aux pieds de laquelle il avait été d'abord enroulé.

L'an mil huit cent soixante-dix-neuf et le vingt-neuf septembre, en la fête du glorieux saint Michel, Nous Joseph-Christian-Ernest BOURRET, évêque de Rodez et de Vabres, avons retiré une grande pièce d'étoffe de soie, que Nous avons surnommée *grand voile* de sainte Foy, de la châsse en cuir avec émaux, au bas de laquelle Nous l'avions enroulée l'année précédente, pour la mettre dans un reliquaire en cristal de forme cylindrique supporté par les statues symboliques des grandes vierges romaines Cécile, Agathe, Lucie et Agnès. Nous avons également introduit sur un autre enroulement du même cylindre un certain nombre de pièces de soie beaucoup plus petites, provenant du coffret ou châsse susdits, et mêlées antérieurement aux cendres et aux reliques qu'ils renfermaient, lesquelles Nous ont paru, ou des étoffes précieuses employées à conserver les cendres et les ossements de la glorieuse martyre agenaise, ou peut-être des tissus dont quelques-uns avaient pu toucher son corps virginal et être imbibés de son sang ; en y mettant sur le tout des inscriptions analogues à la nature de ces objets.

Après avoir exposé ce précieux reliquaire et son contenu, pendant trois jours, dans notre église cathédrale, nous

l'avons porté à Conques et remis à la garde des Pères Prémontrés, pour être vénéré avec les autres reliques de sainte
Foy, selon qu'il est marqué dans le procès-verbal qui fait
suite.

† ERNEST,
évêque de Rodez et de Vabres.

II.

PROCÈS-VERBAL

**D'insertion du grand voile de sainte Foy et des
autres étoffes qui ont été retirées de sa châsse
dans le reliquaire qui leur a été spécialement
destiné et de la remise du reliquaire à l'église
de Conques.**

† Au Nom du Père, du Fils et du Saint-Esprit. Ainsi
soit-il.

Ce jourd'hui, dimanche cinq octobre, de l'année mil-huit
cent soixante-dix-neuf, en la solennité de Notre-Dame du très
saint Rosaire, Nous Joseph-Christian-Ernest BOURRET,
évêque de Rodez et de Vabres, avons transporté à Conques
un reliquaire contenant des étoffes trouvées parmi les reliques de sainte Foy. Les religieux Prémontrés suivis de la
pieuse population de Conques sont venus prendre ce reliquaire,
au pied de la montagne, et l'ont porté processionnellement
dans l'ancienne église abbatiale de Conques, au milieu des
témoignages les plus éclatants de la piété populaire.

Le reliquaire que Nous avons fait fabriquer pour renfermer
ces précieuses étoffes se compose d'un grand cylindre horizontal de cristal, mesurant 40 centimètres de longueur avec
un diamètre de 14 centim. Les deux extrémités sont fermées
par deux plaques de bronze doré, représentant des édicules
dans le style du XIIIe siècle avec deux gables et quatre tourelles en forme de clocheton couronnées par des boules de
cristal. Sur chacune de ces extrémités se trouvent deux disques émaillés, où, dans un quatrelobe, figurent d'un côté le
chiffre enlacé de sainte Foy et de l'autre Nos armes.

Ce reliquaire ainsi composé est porté sur les épaules des quatre vierges romaines mentionnées dans le Canon de la sainte Messe : sainte Agathe, sainte Lucie, sainte Agnès, et sainte Cécile, dont les noms sont inscrits sur les quatre tourelles. Ces statuettes mesurent 30 centim. de hauteur. Des inscriptions également gravées sur ces tourelles portent ces mots : † *Soror nostra es* † *Ecce virgo sapiens* † *Veni sponsa Christi* † *Accipe coronam.* L'ensemble de ce reliquaire repose sur un socle de métal doré porté aux angles par des chimères ornementées. Une cinquième statuette placée dans le milieu du socle représente sous la figure d'un évêque agenouillé, leur pasteur, nos ouailles et notre diocèse que nous avons mis sous la protection de la puissante sainte Foy. C'est dans ce cylindre de cristal que Nous avons placé de nos propres mains, avec l'aide de pieuses personnes, la grande pièce d'étoffe en soie dont les dimensions sont 1ᵐ 44 cent. sur 0ᵐ 98 c. Cette étoffe de couleur feuille morte a sur un de ses bords une belle bande tissée dans l'étoffe même, sorte *d'angusticlava* de couleur bleue, sur laquelle sont représentées des tours crenelées rappelant des types romains connus, accostées de deux aigles et alternées de rosettes à huit lobes, le tout d'un dessin correct et large dans lequel on reconnaît aisément le goût antique. Les dimensions, la forme, la bordure de ce voile et le style général nous porte à croire, et c'est l'avis de personnes compétentes, que ce voile n'est autre chose que la *palla*, faisant partie du vêtement antique en usage dans la Gaule romaine, et qui selon toutes probabilités aurait été à l'usage de notre sainte bien-aimée. Sur une bande de parchemin, Nous avons fait inscrire ces mots. *Magnum velum inventum inter reliquias sanctæ Fidis Virg. M.*

Ce voile a été extrait de la grande châsse où il avait été placé l'année dernière, comme le constate le procès-verbal fait à cette époque.

Puis les diverses étoffes précieuses qui se trouvaient avec les saintes reliques ont été disposées par nos soins dans ce même cylindre. L'étoffe de soie qui enveloppait l'insigne relique du chef de sainte Foy est distinguée par une inscription sur parchemin portant ces mots : *Fragmentum panni qui circumdabat caput sanctæ Fidis V. M.* Enfin une autre inscription mentionne la provenance des divers fragments d'étoffes trouvés parmi les reliques de sainte Foy : *Panni diversi inventi inter reliquias sanctæ Fidis V. M.*

Et après, Nous avons fermé les extrémités de ce tube, avec deux rondelles de métal attachées par des fils de soie rouge, sur lesquels nous avons fait l'empreinte de nos armes sur de la cire de même couleur.

Puis on a vissé en notre présence les deux disques émaillés qui recouvrent et protègent les sceaux. C'est dans notre palais épiscopal, et le premier jour d'octobre de cette présente année, que nous avons fait cette opération qui couronne l'œuvre que nous avions entreprise de restituer au culte de l'illustre vierge agenaise l'éclat et la grandeur d'autrefois.

Ce reliquaire est resté exposé dans notre église cathédrale pendant un triduum solennel qui a précédé la translation consignée dans ce procès-verbal.

Nous déclarons formellement par ces présentes, et nous avons déclaré publiquement devant tous les fidèles de Conques, que nous donnons ce reliquaire à la fabrique de l'église de Conques, avec réserves expresses que, dans le cas où des mains sacrilèges tenteraient de détourner de leur destination première ce reliquaire, les évêques de Rodez pourraient le revendiquer comme leur propriété pour le rendre au trésor de l'antique abbatiale.

Le présent procès-verbal fait en double expédition, dont une pour être conservée dans les archives de l'évêché.

Dressé, clos et signé à Conques, les jours, mois et ans susdits.

† ERNEST,

évêque de Rodez et de Vabres.

Ont signé avec nous · † EDMOND, abbé de Notre-Dame de St-Michel ; L. SERVIÈRES, curé de Villecomtal ; P. MARIE BERNARD ; G. GRINDA, architecte ; E. RICARD, secrétaire particulier.

III.

ANNEXE AU PRÉSENT PROCÈS-VERBAL.

Description du reliquaire qui contient le voile de sainte Foy.

Après un triduum solennel de prières et de prédications à la cathédrale, commencé le mercredi 1er octobre, Mgr l'Evêque de Rodez transporta le dimanche suivant le nouveau reliquaire à Conques, où il fut déposé à côté des autres reliques de la sainte dans le trésor de la célèbre abbatiale.

Un article du 10 octobre 1879 de la *Revue religieuse de Rodez et de Mende* nous fait connaître les faits qui concernent cette translation, en même temps qu'il donne une description complète du gracieux reliquaire dont il est ici fait mention.

FÊTE DE SAINTE FOY, A CONQUES.

Les grandes et splendides fêtes de la translation de sainte Foy qui ont ébranlé et entraîné, l'an passé, notre vieux Rouergue, et dont l'écho s'est prolongé dans la France et les contrées voisines, viennent d'être dignement couronnées, grâce à la piété et à la munificence de Monseigneur l'Evêque et à la foi de nos populations. Dimanche matin, vers huit heures, Monseigneur arrivait au pied de la colline de Conques, avec le nouveau reliquaire dont nous avons déjà parlé. Les religieux prémontrés suivis de la population sont venus recevoir cette nouvelle châsse et l'ont portée processionnellement dans l'antique abbatiale, au milieu des témoignages les plus éclatants de la piété populaire. La route, les rues, la place, l'église étaient pavoisées d'oriflammes aux vives couleurs ; des guirlandes de verdure et de fleurs formaient de gracieux arcs de triomphe ; l'autel était émaillé de fleurs aussi brillantes, aussi fraîches que celles qui tombèrent du manteau de la jeune sainte sous le regard inquisiteur de son père. L'an passé, c'étaient les splendeurs grandioses du triomphe ; cette année, ce sont les douces et gracieuses manifestations de la famille.

Aussi bien, rien n'est plus gracieux que le nouveau reliquaire dont Monseigneur a enrichi sa « petite sainte ». Comme Sa Grandeur le disait agréablement, la jeune martyre quête les magnificences et les parures. Qui sait si, comme au temps jadis, elle n'a pas sollicité encore ce don si précieux ? Empruntons au rapport de M. Grinda la description de cet objet d'art. Il se compose d'un grand cylindre horizontal en cristal, de 0,40 cent. de longueur, sur un diamètre de 0,14 cent. Il est surmonté d'une galerie découpée à jour ; les deux extrémités sont formées par deux plaques de bronze doré en forme d'édicules dans le style du XIII⁰ siècle, avec deux gables et quatre tourelles en clochetons couronnés par des boules de cristal. Sur chacune de ces extrémités se trouvent deux disques émaillés où, dans un quatre-lobes, figurent d'un côté le chiffre enlacé de sainte Foy et de l'autre les armes de Monseigneur. Ce reliquaire est porté sur les épaules des quatre vierges romaines mentionnées dans le Canon de la sainte Messe : sainte Cécile, sainte Agathe, sainte Lucie, sainte Agnès, dont les noms sont inscrits sur les quatre tourelles. Ces statuettes, de 0,30 cent. de hauteur, sont vêtues du costume de leur pays et de leur époque ; leur pose est pleine de grâce et de dignité virginale. Les inscriptions suivantes, gravées sur les tourelles, semblent recueillies de la bouche des quatre vierges qui acclament leur jeune sœur : † *Soror nostra es.* † *Ecce virgo sapiens.* † *Veni sponsa Christi.* † *Accipe coronam.* L'ensemble de ce reliquaire repose sur un socle de métal doré porté par des chimères ornementées. Une cinquième statuette, placée dans le milieu du socle et sous la relique, représente, sous la figure d'un évêque à genoux, le diocèse de Rodez, personnifié dans son pasteur et se couvrant de la protection de la puissante sainte. C'est ainsi que jadis les fidèles se plaçaient sous la protection des saints, en s'inclinant sous leur châsse portée sur les épaules des prêtres et en passant sous leur ombre. En contemplant ce reliquaire, on est saisi par la grâce de ses proportions, le mouvement de ses personnages, la délicatesse de ses détails. Les quatre vierges célébrant le triomphe de la cinquième, leur sœur, font penser à la parabole des cinq vierges sages qui vont au-devant de l'Époux céleste. L'artiste qui a exécuté ce groupe remarquable, M. Poussielgue, a fait preuve de haut goût et de sens chrétien. Cet objet d'art occupera une digne place à côté des chefs-d'œuvre du trésor de Conques.

La précieuse relique enchâssée dans ce reliquaire méritait bien de tels honneurs. C'est, comme l'on sait, une grande pièce d'étoffe en soie, de 1 ^m 44 ^c sur 0 ^m 98 ^c trouvée dans le coffret des reliques de la sainte. Cette étoffe, de couleur feuille morte, est ornée sur les bords d'une belle bande tissée dans la même pièce, sorte d'*angusticlava* de couleur bleue, sur laquelle sont représentées des tours crénelées rappelant des types romains connus, accostées de deux aigles et alternées de rosettes à huit lobes ; le tout, d'un dessin correct et large, dans lequel on reconnaît aisément le goût antique. Les dimensions, la forme, la bordure de ce voile et le style général nous portent à croire, et c'est l'avis des personnes compétentes, que ce vêtement n'est autre que la *palla*, sorte de petit manteau sans manches retombant sur la poitrine et sur les épaules, et faisant partie du costume antique en usage dans la Gaule romaine. Selon toutes les probabilités, il a été à l'usage de la sainte. Il a été artistement roulé dans le cylindre, et une bande de parchemin qui y est attachée porte cette inscription : *Magnum velum inventum inter reliquias sanctæ Fidis, v. m.* — Un second rouleau, placé au-dessous du premier, se compose de divers fragments d'étoffes trouvés parmi les reliques de sainte Foy ; l'un d'eux enveloppait l'insigne relique du chef de la sainte ; plusieurs autres sont teints de sang. Un autre parchemin porte l'inscription suivante : *Panni diversi inventi inter reliquias sanctæ Fidis, v. m.* — *Fragmentum panni qui circumdabat caput sanctæ Fidis, v. m.*

La messe a été célébrée pontificalement par Monseigneur lui-même, avec l'ordre et la pompe que les Pères Prémontrés savent déployer. Le chant, d'un excellent goût, a été exécuté par la maîtrise du monastère et par les jeunes gens de la paroisse qui se sont parfaitement formés à cette bonne école. Le chœur des demoiselles de la paroisse n'a pas été inférieur ; il a fait de remarquables progrès.

A vêpres, Monseigneur a prononcé, non un panégyrique solennel, mais une allocution simple dans la forme et d'une grande élévation de pensées. Sa Grandeur a décrit le reliquaire dont Elle a fait une donation publique et solennelle. Elle a développé les paroles inscrites sur les tourelles : *Soror nostra es ;* — *Ecce virgo sapiens*, etc. Les application faites par Monseigneur ont été des plus heureuses et des plus piquantes. Aussi tous étaient suspendus à ses lèvres avec un intérêt toujours croissant. Elle a fini par la devise de sainte Foy, gravée, elle aussi, sur le bronze qui enchâsse le cylindre : *Duc nos quò resides, inclyta virgo Fides :* « Conduisez-nous au ciel qui est votre séjour, ô grande sainte Foy. » Monseigneur avait les accents vrais et émus de la piété la plus tendre envers l'illustre sainte ; le cœur seul parlait ici.

Monseigneur l'Archevêque d'Avignon n'a pu tenir sa promesse et venir présider les offices du lendemain, jour de la fête. Le R. P. Edmond a célébré pontificalement, au milieu d'un nombreux clergé ; le P. Marie-Augustin, religieux prémontré, a prononcé un beau et chaleureux discours. Tous les jours de l'octave, les offices sont célébrés solennellement ; les pèlerins viennent s'édifier et édifier eux-mêmes.

La population de Conques regarde sainte Foy comme son palladium, les saints religieux du monastère comme sa richesse et son ornement, et Monseigneur l'Evêque comme son plus insigne bienfaiteur. Celui qui trace ces lignes et qui est un enfant de Conques est heureux d'être l'interprète de ses compatriotes et d'offrir les plus vives actions de grâces à

Monseigneur, imitateur et réparateur de tant de grandeur déchue, aux Pères du monastère, ses dignes ministres, à sainte Foy, inspiratrice de tout.

Sanso Fe ren si poù,
E me Fe tout si moù.

(Inscription provençale.)

Sans Foy rien ne se peut,
Avec Foy tout se meut.

L'abbé L. SERVIÈRES.

(Extrait de la REVUE RELIGIEUSE DE RODEZ ET DE MENDE, *numéro du 10 octobre 1879, page 646.)*

TROISIÈME PARTIE

Actes concernant la reconnaissance du chef de sainte Foy.

La tradition, aussi bien que le récit des Bollandistes, portait bien qu'une partie du chef de la sainte martyre d'Agen avait été déposée, aux temps anciens, dans la célèbre statue d'or qui avait échappé aux ravages du temps et qui est la pièce principale du trésor de Conques. On exposait cette statue à la vénération des fidèles, sous le bénéfice de cette croyance, mais personne ne savait au juste si la précieuse relique y était incluse, ni dans quelle partie elle pouvait se trouver.

Puisqu'on procédait à une reconnaissance générale des reliques de sainte Foy, il était convenable de vérifier ce que pouvait contenir la statue, et nous la fîmes apporter à Rodez pour l'étudier à loisir.

A la fin du mois de février 1878, on procéda à cet examen, en examinant d'abord la tête, qui se détachait facilement de la statue, sur laquelle elle est fixée d'une manière solide aujourd'hui. On n'y trouva rien qu'un enduit qui, ayant pris une forme terreuse, fit croire un moment à des débris de crâne ; mais on s'aperçut bientôt que ce n'était là qu'une terre adhérente au métal qu'on y avait mise pour le travailler ou pour le fondre.

On prit alors la résolution de démonter la statue et de la détacher de son fauteuil, opération qui fut assez difficile, parce qu'elle était rivée par deux gros clous en fer qu'il fallait limer et couper, circonstance qui, jointe à la nature même de ces clous, fit conclure unanimement par les archéologues et l'orfèvre assistants, que la statue n'avait jamais été touchée ni vérifiée, depuis l'époque où on y avait enfermé les reliques et où on l'avait reliée à son fauteuil.

Une fois démontée, on s'aperçut, en relevant un peu le métal qui la recouvrait par derrière, qu'il y avait une planche d'un bois, qui paraissait être de chataignier, appliquée et clouée contre le bois rougeâtre de la statue qui sert d'âme aux lames d'or qui la recouvrent à l'extérieur et qu'on a cru être une forte racine de bois d'if.

Les clous qui assujettissaient cette porte furent retirés, et alors apparurent dans une cavité assez grossièrement travaillée, et où l'on voyait encore facilement les traces de l'instrument qui avait servi à la creuser, les objets vénérables dont la description va suivre.

Il faut ajouter qu'avant de démonter la statue, nous avions remarqué que des tentatives avaient été faites pour sonder ce qu'elle pouvait contenir dans son intérieur, par l'ouverture du quadrilobe qui ouvre sur la poitrine, et par lequel on avait percé, comme on le verra dans le récit suivant, le crâne de la sainte et le métal qui le revêt.

Il nous fut dit par l'un des assistants, M. l'abbé Servières originaire de Conques, historien de la pieuse martyre, que ces tentatives et les deux trous qui avaient perforé la voûte cranienne de la martyre avaient été faits par un des derniers curés de Conques, M. Aimé ou M. Turq Calsade, qui voulaient s'assurer du contenu de la statue et tenter probablement une vérification qui ne devait être faite que plus tard.

Le quadrilobe avait eu en tout cas son verre ou cristal brisé, et il était recouvert par une mince feuille de papier mal assujetti, et qui laissa passer, en renversant la statue, un ossement assez gros, de forme anguleuse, qui était ou une partie des ossements renfermés dans la statue, ou peut-être un ossement pris dans la châsse en forme d'arche, dont nous parlerons ci-après, et qu'on avait mis là pour la vénération des fidèles, ne sachant pas bien s'il y avait des reliques de la sainte dans l'intérieur de la cavité.

L'acte qui suit va maintenant nous donner la suite des opérations concernant la reconnaissance du chef vénéré de la vierge agenaise.

HAUTEUR TOTALE 35 CENT.

STATUE D'OR DE Sᵗᵉ FOY, DU Xᵉ SIÈCLE,

NOMMÉE JADIS LA MAJESTÉ DE Sᵗ FOY.

(Dessinée par Dorcel dans les Annales Archéologiques.)

I.

PROCÈS VERBAL.

De la reconnaissance des reliques contenues dans la statue de Ste-Foy et de la constatation de leur état dans ce précieux reliquaire.

L'an mil huit cent soixante dix-huit, le 27e jour du mois de février, Nous Joseph-Christian-Ernest Bourret, évêque de Rodez et de Vabres, avons procédé à la reconnaissance des reliques de Ste-Foy, vierge et martyre en la ville d'Agen, que la tradition comme les témoignages de l'histoire, et en particulier la vie de la sainte écrite par les Bollandistes, assuraient être contenues dans la célèbre statue d'or, ornée de pierreries, représentant la martyre, et ayant appartenu à l'ancienne abbaye de Conques.

Etaient présents, outre Mgr l'Evêque de Rodez, M. Gonzague Grinda, architecte, M. Bousquet, orfèvre à Rodez, le R. P. Marie Bernard de l'ordre des Prémontrés, et faisant les fonctions de vicaire de Conques, M. l'abbé Jeanjean pro-secrétaire de l'évêché, et MM. les docteurs Lala et Viala de Rodez.

Après avoir démonté la tête de la statue qui était mobile et qu'on a fait consolider depuis, il a été constaté que l'intérieur creux de cette tête ne contenait rien qu'une espèce de pâte qui avait servi au mouleur. On a démonté ensuite la statue de son fauteuil, et on a trouvé sur la partie postérieure une surface concave, recouverte d'une porte retenue par des clous en fer et en argent que l'on a arrachés, et l'on a constaté que cette cavité mesurait 22 cent. sur la plus grande hauteur, et 13 cent., 5 mil. sur la largeur. Cette cavité était remplie par une première enveloppe en soie jaune écrue, composée de divers morceaux cousus ensemble par des ourlets, de la dimension de 1m 50 sur sa plus grande longueur, et de 50 cent. dans sa plus grande largeur. Cette pièce de soie, dont nous avons fait couper comme souvenir un petit

morceau de 10 cent. de longueur, était pleine de débris d'ossements, de poussières, de bourres, de morceaux de vieux
bois et de morceaux de toiles.

Ces ossements ont été reconnus par MM. les docteurs
Lala et Viala pour des ossements de crâne, des dépendances
de la tête et des premières vertèbres du cou, la deuxième et
la troisième peut-être. Parmi ces diverses pièces osseuses,
on a pu déterminer notamment un rocher avec une partie
de son temporal, un morceau de la partie inférieure de l'oc-
cipital, une vertèbre cervicale, deux ou trois apophises de
vertèbres de même nature, et diverses autres petites pièces
osseuses appartenant incontestablement et d'une manière certaine soit à la base du crâne, soit aux deux ou trois premières
vertèbres cervicales.

Dans une seconde enveloppe de couleur violette, dont le
tissu formait des dessins géométriques alternant avec des
palmettes et des aigles byzantines, nous avons trouvé un
crâne sectionné suivant une ligne horizontale qui passerait à
1 centimètre environ au-dessus de la protubérance occipitale,
et qui arriverait en avant à quelques millimètres au-dessous
des arcades sourcillières. Cette section du crâne constituant
la voûte, a été trouvée pour ainsi dire intacte, doublée dans la
partie concave d'une calotte métallique, qui a paru être de
l'argent, et surmontée de bandelettes du même métal qui
maintiennent les diverses parties osseuses, appliquées contre
la voûte métallique qui déborde sur les rebords.

Le crâne ainsi doublé était entouré dans son rebord
d'un petit bandeau en soie qui le contournait et qui présentait environ 50 cent. de longueur sur 3 ou 4 de largeur,
duquel nous avons coupé environ 10 cent., comme type et
comme relique. Cette dernière étoffe était d'un jaune clair,
avec bordure en damier, tissée or et vert et filets bruns sur
les bords. La calotte du crâne mesure dans son grand
axe 17 cent. de longueur, et sur le petit axe, 14 cent. 5 mil. La
circonférence de la voûte crânière présente 50 cent., mesure
prise en dehors de la garniture en argent. La ligne convexe
antéro-postérieure de la voûte du crâne est de 22 cent. garniture comprise. Les lamelles d'argent qui recouvrent la tête

sont au nombre de 4, mesurant 14 mil., allant d'une part à l'autre du crâne, sur le dessus, et formant comme des côtes sphériques au nombre de 8. Ces côtes étaient renforcées par des fils d'argent qui tiennent au rebord de la doublure d'argent par de petits trous qui ont été percés tout autour.

L'étoffe de soie violette avec aigles byzantines ou griffons qui enveloppait de plus près le crâne dont il est parlé a été trouvée de 54 cent. de longueur, et 32 cent. de largeur. Il en a été coupé sur la largeur 13 cent., pour garder comme relique et comme type.

La partie antérieure du crâne entre deux des lames d'argent est brisée. L'enveloppe intérieure en métal est percée en deux endroits assez rapprochés, et des débris du crâne assez nombreux ont été retrouvés dans le voile qui était déchiré à cet endroit. Il est à remarquer que ces brisures et ces trous correspondaient précisément à l'ouverture quadrilobe qui forme monstrance sur la poitrine de la statue. Un fragment même est tombé par cette ouverture, lorsque nous avons baissée celle-ci.

Il y avait encore, en dehors des voiles qui entouraient les reliques et le crâne, au fond de la caisse et de la statue, une bourre qu'on a prise pour de l'amiante et qui semblait être imbibée de sang et de matières cendrées. Cette bourre cotonneuse mesurait environ de 8 à 10 cent. de longueur.

Nous n'avons point trouvé d'inscription ni de phylactère qui portassent exactement la mention que ces reliques étaient bien véritablement celles de Ste-Foy, la célèbre martyre d'Agen ; mais, il n'y a aucun doute possible devant la perpétuité de la tradition, le titre et le nom de la statue qui les contient, la vénération constante des siècles et surtout les déclarations formelles qui sont contenues dans les actes mentionnés par les Bollandistes, où il est dit, que l'abbé Etienne II fit déposer une partie de la tête de Ste-Foy dans un reliquaire que l'on appelle son image, *imago*, et en d'autres endroits, *aurea majestas*, majesté d'or; ce qui indique bien la statue que l'ancienne abbaye de Conques possédait et qui appartient aujourd'hui à la fabrique de cette église.

On dit à la vérité que le crâne de la sainte est aussi conservé dans la ville d'Agen ; mais les lettres qui nous ont été écrites de l'Evêché de cette ville, aussi bien que les détails que l'on trouvera consignés dans les pages suivantes, établissent parfaitement que les quelques reliques que l'on vénère dans l'église d'Agen sont peu considérables, venues en partie de Conques, et, qu'en tout cas, ce que l'on appelle le crâne de la sainte n'a été formé que de quelques fragments qui ne sont pas mêmes du chef, réunis en 1853, en forme de crâne ou d'écaille de petite tortue, et reliés par des galons croisés, assemblage qui pourrait être couvert du reste tout entier par la paume de la main d'un homme.

En foi de quoi, nous avons signé le présent procès-verbal, les jours, mois et an que dessus, pour valoir ce que de droit.

† ERNEST,

évêque de Rodez et de Vabres.

II.

PROCÈS-VERBAL

De réposition du chef de sainte Foy et des autres ossements qui l'accompagnaient dans l'intérieur de la statue d'or.

Les diverses opérations de reconnaissance terminées, on s'occupa de mettre le chef vénéré de la sainte dans son ancienne demeure.

Comme, malgré les précautions que l'on avait prises, en l'y enfermant une première fois pour le conserver, il s'était produit plusieurs échancrures au crâne, et notamment celles qui provenaient du percement qui en avait été fait, à travers l'ouverture pectorale de la statue avec un instrument contondant, M. Bousquet, orfèvre horloger, qui nous assistait, a replacé plusieurs autres fils d'argent d'un côté à l'autre de la calotte, et a collé toutes les fentes et tous les endroits détériorés avec une colle céramique de couleur blanche dont il sera facile de retrouver la trace, si jamais on est encore amené à vérifier cette précieuse relique. Sur le dessus de la calotte, et prenant sa forme, il a été mis une plaque d'argent en forme de phylactère, attachée avec des fils du même métal aux lames qui la recouvraient et portant ces mots : *Caput S. Fidis Agin. V. et Mart., Recognitum ab Episcopo Ruthenen.* ERNESTO BOURRET XXVII Feb. MDCCCLXXVIII.

La même inscription a été mise sur parchemin dans l'intérieur de la statue, pliée en quatre, scellée de nos armes sur de la cire rouge et signée au-dedans de Nous, évêque de Rodez, de MM. Grinda, architecte; Bousquet, orfèvre à Rodez, du P. Marie Bernard, religieux Prémontré, vicaire de Conques, et de M. l'abbé Jeanjean, pro-secrétaire de l'Evêché.

Le crâne de la sainte ainsi vérifié et consolidé a été couvert d'une première étoffe de soie blanche moirée, contournée du vieux bandeau en forme de damier qui y était précédemment ; puis de l'étoffe violette aux aigles ou colombes bysantines qui la recouvrait, sur laquelle il a été ajouté une étoffe de drap d'or de grand prix.

C'est ainsi que la tête de sainte Foy a été remise dans la cavité de la statue d'or ; et comme ces étoffes nouvelles grossissaient un peu le volume, nous avons été obligé d'agrandir tant soit peu cette cavité. Ainsi que cela existait autrefois, la partie concave du crâne a été tournée vers le quadrilobe de la poitrine, que ferme un cristal très pur, derrière lequel nous avons fait placer cinq fragments en forme de croix, pris dans les ossements que renfermait le voile jaune de soie écrue, pour la vénération des fidèles.

Cette pièce d'étoffe jaune renfermant environ cinquante fragments d'ossements, pliés chacun à part dans de petits morceaux d'étoffe de soie, a été placée à son tour comme elle l'était auparavant sous le crâne de la sainte avec cette inscription sur parchemin : *Varia fragmenta ex ossibus occipitalibus S. Fidis v. m. recognita ab Ernesto Bourret, Epo Ruthenensi, an. 1878.*

A côté de ces reliques nous avons mis aussi, pliée dans une étoffe de soie, la matière cotonneuse que nous avons désignée sous le nom d'amiante, et nous y avons joint l'inscription suivante : *Substantia quæ creditur amiantus, cineribus et sanguine S. Fidis v. m. forsan imbuta, ab Ernesto Bourret Epo Ruthenensi recognita, an. 1878.*

Enfin, aux pieds de la statue, liée à elle-même par un fil d'argent, nous avons mis une ampoule, pareille à celles qui sont aux quatre coins de la châsse émaillée, remplie d'une petite partie des cendres et des poussières qui étaient dans la pièce d'étoffe de soie jaune, dont il est parlé ci-dessus, avec l'inscription suivante :

Pulvis ex ossibus occipitalibus et reliquiæ diversæ S. Fidis V. M. Agin. quæ erant prius involutæ in panno serico flavo qui jacet in dorso statuæ aureæ, et quæ nos Ernestus Bourret Epus in hac ampulla vitrea recondidimus an. Dom. 1878.

Avec ces restes précieux de notre sainte, nous avons également inséré dans la cavité de la statue, le procès-verbal suivant écrit en beaux caractères sur parchemin par M. Grinda, architecte.

Josephus-Christianus-Ernestus Bourret, miseratione divinâ et S. Sedis Apostolicæ gratiâ Episcopus Ruthenensis et Vabrensis ;

Omnibus hæc legentibus salutem.

Notum facimus quod nos, die 27ᵃ februarii an. 1878, celeberrimam statuam seu imaginem auream S. Fidis virg. mart. Aginnensis, a faldistorio suo deposuimus, postquam nobis Ruthenis asportata fuit e Conchis ubi servabatur a temporibus ; et in capsâ, quæ sita est in dorso ejusdem statuæ, invenimus partem superiorem capitis cujusdam argenteâ cupâ confortatam, et panno serico violaceo aquilis byzantinis decorato involutam. Item et in eâ erant fragmenta numerosa satis et cineres in panno serico flavo replicata, unâ cum substantiâ quâdam candidâ quæ videbatur amiantus nullis tegumentis implicatâ.

Hanc autem partem capitis recognovimus tanquam caput S. Fidis virg. mart. quæ traditione et monumentis præsertim Bollandianis perhibetur in supradictâ statuâ aureâ fuisse ab abbatibus Conchensibus reconditam, ibidemque eam denuo reverenter reposuimus, cum fragmentis quinquaginta circiter ex ossibus cervicalibus ejusdem virginis, et amianto qui videbatur sanguine et cineribus imbuto. Insuper veteribus pannis omnia pro authenticitate cooperuimus, addito desuper aureis filis intexto velamine et inscriptionibus super metallo et pergamino hinc et hinc convenienter adhibitis. Quinque etiam fragmenta eorumdem ossium in pectore statuæ pro veneratione sub vitro exposuimus, et cineres in ampullâ crystallo et argento intermixtâ ad pedes imaginis deposita recondidimus.

Pro quorum fide, præsens hoc instrumentum propriâ manu subscripsimus, Ruthenis die quintâ octobris, an. 1878, in vigiliâ S. Fidis.

† ERNESTUS, episcopus Ruthenensis
et Vabrensis.

III

PROCÈS-VERBAL

De l'apposition des sceaux sur les reliques de Ste-Foy et de leur remise à la fabrique de l'Eglise de Conques.

Après que tout a été ainsi arrangé et ordonné, l'orfèvre su nommé a fixé la planche qui servait de porte sur le dos de la statue, au moyen de vis qui permettent de l'ouvrir plus facilement qu'on n'avait pû le faire la première fois. La susdite porte a été scellée en plusieurs endroits, avec de la cire rouge, des armes de Mgr l'Evêque de Rodez, et la statue a été replacée sur son fauteuil, au moyen du mécanisme qui a été pratiqué par M. Poussielgue-Rusand, lors de la restauration de ce précieux objet d'art. La châsse en cuir épinglé a été également fermée, et, en travers de la serrure, il a été cloué une petite chaîne en or sur les extrémités de laquelle ont été placés les sceaux, et la clef a été appendue à la serrure au moyen d'une autre chaîne portant un anneau et quelques autres bijoux précieux.

Ces opérations finales, qui devaient terminer des études

longues et un examen minutieux touchant les reliques de Ste-
Foy, ont été faites avec une grande solennité dans le grand
salon du milieu de l'Evêché, où elles étaient exposées. Mgr
l'Evêque entouré de ses vicaires généraux, de son chapitre, et
des autres personnes dont il sera fait mention dans le présent
procès-verbal, a procédé solennellement à cette apposition
des sceaux, et a fait en même temps les déclarations qu'on
va lire :

L'an mil huit cent soixante-dix-huit, et le quatre du mois
d'octobre, Mgr Joseph-Christian-Ernest BOURRET, évêque de
Rodez et de Vabres, ayant autour de lui ses vicaires-généraux,
les membres de son chapitre, le R. P. Edmond, abbé de
St-Michel de Frigolet, de l'ordre de Prémontré, et prévôt de
l'église de Conques, M. le Maire de Conques, M. le Président et les Membres du conseil de fabrique de cette église,
M. Grinda, architecte, et M. Bousquet, orfèvre, a procédé solennellement à l'apposition des sceaux sur les reliques de
sainte Foy contenues dans la célèbre statue d'or, et sur la
châsse recouverte de cuir et d'émaux champlevés qui renferme les ossements de la jeune martyre d'Agen , selon
les énumérations qui sont faites dans les divers procès-verbaux de reconnaissance et d'authenticité qui ont été inclus
dans la statue et la châsse susmentionnés.

Cette opération faite, Mgr l'Evêque de Rodez a déclaré
publiquement qu'il faisait don, en son nom et au nom des
fidèles du diocèse, de la châsse de bronze doré et ornée de
pierres précieuses, qui recouvre la châsse antique en cuir
décoré d'émaux, à la fabrique et à l'église de Conques
exclusivement à tous autres, se réservant d'en revendiquer
la propriété, soit par lui soit par ses successeurs, si jamais
quelqu'un voulait s'en emparer ou l'approprier à quelque
autre usage.

Il a fait les mêmes déclarations pour le reliquaire en
forme de dôme qui enveloppe la statue d'or, et qui est fait
avec le même métal que le précédent; il a dénoncé en outre
que toutes les peines portées par le droit, et notamment celle
de l'excommunication, seraient encourues *ipso facto* par tous

ceux qui auraient l'audace de profaner ces reliques inestimables, de briser les sceaux qui témoignent de leur authenticité, sans mission légitime, et d'enlever quoi que ce soit de l'intérieur des reliquaires ou d'y substituer d'autres reliques ou ossements.

En foi de quoi, le présent procès-verbal a été dressé en double, pour être conservé dans les archives de l'évêché et dans celles de l'église de Conques, et signé par tous les membres présents de ce requis.

† ERNEST, évêque de Rodez et de Vabres ; P. Edmond, abbé de Notre-Dame de St-Michel ; Ph. Noguéry, v. g.; Saladin, chan.; Abbal, chan. ; Sabathier, chan. ; Burguière, chan. ; Lunet, chan. ; Carrière, chan. préb. ; Julhe. id ; Benazech, maire ; Tarral ; P. Marie Bernard, vicaire de Conques ; P. Bonaventure, économe de la Prévôté de Conques ; Tournemire, ch. hon.; Labro ; Guibert ; Nolorgues, président de la fabrique ; Grinda, architecte ; Bousquet, orfèvre.

Les grandes fêtes de la translation ont ensuite commencé par une neuvaine solennelle à la cathédrale, et se sont poursuivies avec une grande édification, par le concours d'une grande foule, la venue de nombreux prélats, et la procession solennelle de Rodez à Conques, dont on trouvera la description détaillée dans les divers numéros de la *Revue religieuse* de Rodez, du mois d'octobre 1878.

IV

PREMIÈRE ANNEXE AUX PRÉCÉDENTS PROCÈS VERBAUX.

Description de l'enveloppe qui a été faite pour protéger la statue d'or.

Tout le monde connaît la fameuse statue d'or désignée dans les actes anciens sous le nom de Majesté de sainte Foy, *Majestas sanctæ Fidis*, une des plus belles pièces du célèbre trésor de Conques.

La Sainte est représentée assise sur un trône d'une grande
richesse ; son front est ceint d'un diadème fermé et orné de
pierres précieuses, d'intailles antiques et d'émaux translucides. Sa robe d'or est parsemée de pierres fines gravées et de
camées de la plus grande valeur. Son vêtement est bordé de
bandes d'orfèvrerie remarquablement travaillées avec filigrane et pierres précieuses.

Des bijoux de tous les âges rehaussés de saphirs et d'é-
maux translucides couvrent ses épaules et sa poitrine, et des
pendants d'un travail exquis sont fixés à ses oreilles. C'est
vraiment une reine assise sur son trône dans tout l'éclat de
son éblouissante parure.

Cette antique statue avec ses étranges décorations est un
reliquaire ; l'intérieur renferme d'insignes reliques. C'est
d'abord le crâne entier de la sainte, doublé d'une plaque
d'argent, quelques sachets d'étoffes précieuses et de drap
d'or enveloppant de nombreux fragments de la tête, et des
lambeaux de tissus d'amiante imbibés du sang de la glorieuse martyre.

Toutes ces saintes dépouilles sont entourées de lacets de
soie, auxquels sont attachés les sceaux et les authentiques
sur vélin, constatant la reconnaissance officielle qui vient
d'en être faite.

Cette curieuse et intéressante statue d'un prix inestimable
a été simplement réparée et consolidée, sous la surveillance
et la direction compétente de la commission des monuments
historiques. Puis, elle a été religieusement renfermée dans
une châsse monumentale destinée à la préserver à l'avenir
des injures du temps.

Véritable objet d'art en bronze ciselé, doré et émaillé dans
le style même de la statue qu'elle protège, cette châsse, carrée à la base, mesure 60 centimètres de côté. Sa hauteur totale est de 1 mètre 15 centimètres. Sa forme est celle d'une
coupole byzantine-romane, supportée par quatre colonnettes
avec bases et chapiteaux sculptés. Deux bagues ornées de bâ-
tons rompus émaillés divisent agréablement la longueur de
leur fût en trois parties égales.

Quatre glaces ferment les côtés.

Le socle qui supporte l'ensemble du monument est décoré par de fines et délicates gravures, et quelques membres de ses moulures sont couverts de feuilles décoratives ciselées avec la plus grande habileté.

Au-dessus des quatre chapiteaux, à la naissance même de la coupole, au milieu d'un ornement dont la base représente un griffon, s'étalent des écussons aux brillantes couleurs d'émail. Ce sont les armoiries de Pie IX, de Léon XIII, de Mgr Bourret et de la ville de Conques, l'heureuse gardienne des reliques et du trésor.

Sur quatre frises en plein cintre, qui s'appuient sur les chapitaux et soutiennent la coupole, se lisent les inscriptions suivantes en lettres d'or sur émail d'azur.

† S. FIDI. V. M. CLERVS ET FIDELES RVTHENEN-SES MDCCCLXXVIII. — SERVA FIDEM IN GALLIA. — SERVA PACEM IN ECCLESIA. — SIS PATRONA IN RV-THENIA.

A sainte Foy vierge et martyre, le clergé et les fidèles du Rouergue, 1878. — Conservez la foi en France. — Conservez la paix dans l'Eglise. — Etendez votre protection sur le Rouergue.

La coupole est ornée de belles gravures au milieu desquelles on remarquera des croix carlovingiennes, et sur une zone circulaire aux flancs de cette même coupole se déroule l'inscription suivante :

† ERNESTVS EPVS PROMOVIT. — MONVMENTIS GALLIARVM HISTORICIS NATIONALIS PRÆPOSITA COMMISSIO DIREXIT. — POUSSIELGVE RVSAND FA-BRICAVIT. — AN. MDCCCLXXVIII.

† Ernest, évêque, a pris l'initiative de cette œuvre. — La Société nationale des monuments historiques de France a dirigé les travaux. — Poussielgue-Rusand les a exécutés. — Année 1878.

Des pierres fines et des camées disposés avec goût sur la coupole complètent la décoration de cette châsse.

Telle est la description sommaire des somptueux reliquaires qui viennent de recevoir définitivement les saintes dépouilles de la glorieuse martyre d'Agen.

C'est vendredi dernier, 4 octobre, que Mgr l'Evêque a déposé solennellement dans les châsses les précieuses reliques, en présence de ses vicaires généraux, du vénérable chapitre de la Cathédrale, du Révérendissime Père Edmond, abbé de St-Michel, des Pères Prémontrés, de M. le Maire de Conques, assisté du Président et des Membres du conseil de fabrique de l'église abbatiale de Conques, d'un grand nombre d'ecclésiastiques et d'autres personnes. Puis M. Bousquet, orfèvre, a procédé à la fermeture des châsses, et les sceaux ayant été apposés sur toutes les parties ouvrantes, Monseigneur a lu le procès-verbal dont suit la teneur, et qui a été signé en double séance tenante par toutes les personnes présentes.

(Extrait de la REVUE RELIGIEUSE DE RODEZ ET DE MENDE, *n° du 11 octobre 1878, page 643.)*

V.

DEUXIEME ANNEXE.

Description des réparations qui ont été faites à la célèbre statue d'or.

On a parlé ci-dessus des réparations faites par l'orfèvre Poussielgue-Rusand, de Paris, à la célèbre statue d'or. Il convient d'en dire quelques mots, pour l'histoire et pour les confrontations à venir avec les descriptions qui en ont été données, notamment celle de M. Darcel.

Cette restauration a été faite sous la surveillance et aux frais du ministère des beaux-arts français. C'est la commission des monuments historiques présidée par le savant M. du Sommerard, conservateur du Musée de Cluny, qui a eu la direction des travaux.

Le programme dé cette commission a été fort sévère, et il n'a été permis à l'orfèvre de rien changer, ni rien améliorer, mais simplement de fixer ce qui était ébranlé et de le consolider. La statue est revenue de ses ateliers même avec la vieille poussière qui la recouvrait.

Conformément aux exigences des archéologues, on s'est borné à consolider le diadème de la tête qui était détaché, et la tête elle-même qu'on a fixée solidement au buste, ce qu'elle n'était pas auparavant. A la monstrance de la poitrine, on a mis un cristal, derrière lequel s'adaptent des reliques ; les mains qui se détachaient facilement ont été fixées, et l'on a mis sous les pieds le support carré en argent doré qu'on y voit actuellement. Antérieurement, il n'y avait rien et les pieds étaient pendants. On suppose qu'à l'origine, le support faisait partie de la décoration de la statue. Le treillis du fauteuil a été aussi un peu arrangé, et les lamelles qui manquaient remises. Quelques pierres ont été aussi ajoutées dans le dos de ce fauteuil, et on a remplacé par des bandes d'argent doré les portions de l'une des bandes filigranées qui étaient perdues ou tombées, le long des barreaux qui le forment. Enfin on a substitué un petit mécanisme intérieur aux anciens clous qui reliaient la statue au fauteuil, pour plus de commodité. On n'a pas fait autre chose, et la statue d'or a conservé son ancien caractère, ou du moins celui qu'on lui connaissait de nos jours, car d'après le *Liber Mirabilis* de Bernard d'Angers, la sainte portait autrefois un crucifix au cou de grande valeur, et les boules de cristal qui surmontent le dossier du fauteuil, sont venues, dans la suite des temps, remplacer des colombes d'or qui occupaient primitivement cette place.

QUATRIÈME PARTIE

Pièces diverses concernant les reliques de sainte Foy que l'on possède à Agen.

La reconnaissance et la démonstration de l'authenticité des reliques de sainte Foy que possède l'église de Conques ne seraient point complètes, si on ne faisait pas une comparaison rigoureusement scientifique avec les reliques que possède la ville d'Agen, puisque nous trouvons, dans divers écrits et dans divers auteurs modernes, que cette église possède aussi le crâne de sainte Foy, sa patronne.

Il existe en effet, dans la cathédrale d'Agen, des reliques disposées en forme ronde, sur une surface plate, que l'on appelle vulgairement le crâne de sainte Foy.

Il ne faut pas être un homme bien expert en anatomie, pour voir que ces reliques ne proviennent aucunement d'une même tête humaine, et de la partie convexe de ce membre supérieur connue sous le nom de crâne. Elles se composent de divers fragments assez mal ajustés ensemble, avec de nombreuses saillies, et appliqués en forme plate plutôt que convexe. Un os plus fort que les autres, et d'une épaisseur qui dépasse beaucoup celle d'un crâne ordinaire, se remarque au milieu des autres.

Ces reliques ont été ainsi arrangées et disposées en 1853. Avant cette époque, elles étaient renfermées dans une boîte en fer blanc, et avaient été ainsi conservées depuis 1835, où l'on avait mis la cathédrale en réparation.

C'est un des derniers évêques d'Agen, originaire du Rouergue, Mgr Jean-Louis Levezou de Vezins, qui fit porter cette boîte chez les carmélites de cette ville, lesquelles arrangèrent le soi-disant crâne de sainte Foy

dans la forme qu'on voit actuellement, et en gardè-
rent même pour elles quelques morceaux.

L'église d'Agen ne possède dont point le crâne véritable
de sainte Foy, mais quelques fragments des reliques de la
sainte, qui ne semblent pas même provenir tous de la tête ;
et la preuve qu'elle ne se croyait pas en possession
de cette précieuse relique, c'est qu'à différentes époques,
elle s'est adressée à Conques pour avoir quelques restes authentiques de sa sainte patronne.

A la vérité, M. l'abbé Guillon , secrétaire de Mgr
Jacoupy, évêque d'Agen, avant Mgr de Vezins, qui a rédigé
les procès-verbaux que nous allons donner ci-après, fait
bien une réserve expresse pour le chef de sainte Foy, qu'il dit
être conservé dans l'église cathédrale d'Agen ; mais, comme
on le verra par la lettre explicative de M l'abbé Mouran,
secrétaire, depuis près d'un demi siècle, de l'évêché d'Agen,
et contemporain des faits que nous relatons , il ne faut pas
prendre à la lettre ces mots, *dempto capite*, qui sont dans
l'un des écrits, alors que d'après la déclaration qui nous
a été faite à nous-même, au mois de mai 1879, il n'y
avait primitivement dans ledit procès-verbal que ces mots :
Ossa quædam ex calva et costis.....

I.

LETTRE DE M. L'ABBÉ MOURAN,

Chanoine, secrétaire-général de l'évêché d'Agen,
à M. l'abbé Servières, curé de Villecomtal, au
diocèse de Rodez, au sujet des reliques de
sainte Foy conservées dans l'église cathédrale
de cette ville.

Agen, le 13 mars 1878.

Monsieur le curé,

En réponse à la lettre que vous avez bien voulu m'adresser,
le 6 du courant, j'ai l'honneur de vous envoyer la copie

de deux procès-verbaux dans lesquels vous trouverez , en grande partie, les renseignements que vous demandez sur les reliques de sainte Foy.

Le premier procès-verbal concerne les reliques qui étaient conservées dans l'ancienne Collégiale de saint Caprais, devenue notre cathédrale d'aujourd'hui, et qui furent extraites de leurs châsses pendant la grande révolution. Le deuxième a trait aux reliques qui furent envoyées de Conques en 1807, à la prière des fabriciens de sainte Foy d'Agen. Ces reliques, ou plutôt cette relique consiste en un seul fragment de l'os de la hanche ; il est large de 3 à 4 centimètres, et long de 6 à 7.

Ces deux procès-verbaux écrits de la main même de l'éminent M. Guillon, secrétaire d'alors, semblent ne pas concorder pour ce qui regarde la tête de sainte Foy. Mais je crois qu'il ne faut pas prendre à la lettre ces mots du deuxième procès-verbal, *dempto capite, in nostra cathredali asservato.* Le premier procès-verbal de 1804 dit assez qu'on n'avait qu'une partie de la tête, et il n'y en avait pas davantage en 1807.

Les fragments qui restent aujourd'hui dans notre cathédrale furent réunis en 1853 par les religieuses carmélites, qui en formèrent une espèce de crâne qu'elles relièrent avec de petits galons en croix. Dans l'état actuel, cela a presque la forme de l'écaille d'une petite tortue qu'une main d'homme pourrait couvrir. Les plus petits fragments doivent être renfermés en dessous ; mais il n'y a certainement pas là les os d'une tête entière, quelque petite qu'on la supposerait. Quant aux côtes, il n'y en a qu'une ; elle a à peine la largeur du petit doigt et une longueur d'une vingtaine de centimètres.

Maintenant, M. le Curé, pour faciliter vos recherches, je prends dans mon reliquaire un fragment de ces os de la tête de sainte Foy, qui sont conservés dans notre cathédrale, et qui sont restés pendant plusieurs années à l'évêché, l'église étant en réparations. Ce fragment me vient de Mgr Jacoupy, et j'atteste qu'il est pareil aux autres sauf la grandeur. En comparant ce fragment avec la partie que nous avons retrouvée, des hommes spéciaux pourront, je le suppose, reconnaitre si ce sont des parties de la même tête.

Comme je tiens beaucoup à cette relique, et que d'ailleurs elle n'augmentera pas beaucoup votre trésor, permettez-moi, Monsieur le Curé, de vous prier de vouloir bien me la renvoyer.

Si vous aviez besoin d'autres renseignements, je vous engagerais à vous adresser à M. l'abbé Barrère, chanoine honoraire à Agen, l'auteur de l'histoire monumentale et religieuse du diocèse d'Agen. M. Barrère s'est occupé de nos reliques d'une manière toute spéciale, et il pourra vous fournir des détails que je ne serais en mesure de vous donner moi-même. M. l'abbé Barrère m'a dit du reste, qu'il avait envoyé au Père Louis un exemplaire de son ouvrage pour la bibliothèque de l'église de sainte Foy de Conques. Le Père Louis doit l'y avoir laissé.

Veuillez agréer, Monsieur le curé, l'assurance de mon respectueux dévouement.

Mouran, *chanoine, secrétaire-général.*

II.

RAPPORT

Fait à Mgr Jacoupy, évêque d'Agen, le 24 vendémiaire, an XIII, sur la manière dont avaient été sauvées les reliques de saint Caprais et de sainte Foy, et témoignage de leur authenticité.

Sur le serment le plus sacré, j'atteste à tous présents et à venir, principalement à Mgr l'Evêque d'Agen, que les deux grandes boites de fer blanc que je portai chez lui, lorsque j'étais chargé de la desserte de l'église S. Caprais d'Agen, contenaient les véritables reliques qui avaient appartenu au chapitre dudit S. Caprais. Que lorsqu'on enleva l'argenterie des églises, par ordre du gouvernement, les deux grandes châsses, dites de S. Caprais et de sainte Foy, furent transportées au district au dépôt général, sans aucune distraction de ce qu'elles contenaient, et lorsqu'il y eut ordre du gouvernement d'envoyer ladite argenterie, on fit appeler M. Charpentier, orfèvre, pour faire la distraction de tout ce qui n'était pas argent et peser ladite argenterie; que je fus invité par quelques membres dudit district à m'y trouver, et qu'en ma présence le susdit Charpentier, orfèvre, ayant séparé les têtes des bustes des susdites deux châsses de S. Caprais et de sainte Foy, il tira de l'une le chef de S. Caprais et de l'autre des ossements et poussière de sainte Foy, le tout replié dans des suaires en soie, dans le même état et tels que j'ai eu l'honneur de les remettre à mon dit seigneur évêque, ce qui a été amplement reconnu et peut très bien aisément être attesté par toutes les personnes qui avaient vu lesdites reliques, avant la Révolution, et qui les ont vues depuis, soit en particulier, soit lors de l'ostension qui en était faite le jour de la fête de S. Caprais, quand cette église nous fut rendue.

J'atteste de plus, que les autres objets renfermés dans la boîte qui contient le chef de S. Caprais, m'ont été remis aussi par les membres de l'administration dudit district, lorsqu'on retira du reliquaire général dudit S. Caprais, qui était dans la Chambre des archives au cloître, tout ce qui était matière soit or, soit argent, cuivre, étain, plomb, etc. On cassa en ma présence toutes les glaces des petits reliquaires, dont je fis plusieurs paquets attachés avec des épingles tels qu'ils sont encore, sans autre authentique que les noms de quelques saints. Que le cylindre en cristal qui était aussi dans ledit reliquaire général me fut remis avec ce qu'il contient; qu'il était monté en argent; que le montant en fut ôté en ma présence et que ces reliques étaient appelées Reliques des Innocents.

Quant au petit coffre en plomb, en forme carrelée, il était dans le maître-autel, et il a son authentique. Le trou dans lequel il était est au milieu, sur le devant, refermé sans mortier avec une petite pierre en forme de bouchon.

Tout ce-dessus est attesté par moi soussigné, curé de Laroque.

Signé : LADAVIÈRE, curé de Laroque.

Je déclare qu'ayant été appelé par l'administration du district d'Agen, pour sortir les reliques des différents reliquaires de l'église de S. Caprais, j'ai été témoin de tout ce qui est rapporté ci-dessus, et sur la foi du serment j'en atteste la vérité.

Agen, le 24 vendémiaire, 13ᵉ année.

Signé : CHARPENTIER, ci-devant orfèvre.

Suit une attestation semblable 1° de Bouby-le-Jeune, secrétaire général de l'administration du district d'Agen, lors de l'ouverture des châsses ; 2° de Mgr Jacoupy, évêque d'Agen, qui déclare avoir reçu les serments et atteste les signatures susdites.

III.

ATTESTATION

Du curé de la cathédrale d'Agen et autres chanoines, en 1804, affirmant l'authenticité des mêmes reliques.

Nous soussigné, Arnaud Dupin, curé de l'église cathédrale d'Agen, et ci-devant de la paroisse de Saint-Caprais ; Pierre-Antoine Oudart, prêtre chanoine de la cathédrale, ancien chanoine de Saint-Caprais, et Claude Pélissier, chanoine honoraire, et pareillement ancien chanoine de Saint-Caprais, appelés par M. l'Evêque pour vérifier les reliques qui, enlevées de leurs châsses lors de la spoliation de l'église, ont été conservées par M. Ladavière et remises à M. l'Evêque ; après les avoir examinées avec soin, nous attestons sous la foi du serment, avoir reconnu les ossements de la tête de saint Caprais et quelques ossements du crâne et d'une côte de sainte Foy, lesquels étaient conservés avec soin dans deux bustes d'argent qui appartenaient à l'église de Saint-Caprais d'Agen, à laquelle nous étions attachés.

Il y avait plusieurs autres reliquaires ; mais les reliques qui en ont été extraites n'ont rien conservé qui puisse les faire reconnaître. Il y avait également dans le maître-autel une petite boîte de plomb renfermant des reliques.

En foi de quoi à Agen, le 16 du mois d'octobre 1804.

Signé : Dupin, Oudart, Pélissier.

Hæc dilectorum nobis magistrorum Petri Antonii, etc. (Attestation de la probité des signataires, de leur serment et de leurs signatures, par Mgr l'Evêque d'Agen.)

IV.

PROCÈS-VERBAL

De reconnaissance des reliques de saint Caprais et de sainte Foy possédées à Agen, après la Révolution de 1703.

Joannes-Jacoupy, etc.

Sacras Reliquias, caput scilicet sancti Caprasii, et ossa quædam è calva et costis sanctæ Fidis, Martyrum Aginnensium, in collegiata S. Caprasii Ecclesiâ olim summâ religione cultas, et dum expilabantur templa è thecis argenteis erutas ac fideliter asservatas, ut pluribus constat testimoniis sacramento firmatis, nuper nobis traditas ac sinceras et genuinas ab antiquis dictæ Ecclesiæ canonicis et Parocho probatas et recognitas, quorum omnium testificationes in archivio nostro ad futuram rei memoriam sunt reconditæ, in velis sericis rubris caput scilicet S. Caprasii, et ossa sanctæ Fidis in velis pariter bombycinis ; quorum externum lineis albis distinctum est, sigillo nostro munitas, à nobis repositas et in pyxide è ferro in bracteas tenuato et stanno illito similiter obsignato

inclusas, donec convenienter aptentur thecæ, prædictæ
Ecclesiæ, quæ nunc nostra evasit cathedralis, restituimus et
publicæ fidelium venerationi, ut antiquitus, exponi concedi-
mus. Hoc agebamus Aginni, die 20 octobris 1804, S. Caprasii sacrâ, et in regesta referri decernimus Aginni, anno et
die quibus suprâ.

† JOANNES, Episcopus Aginnensis

Sic signatus.

Concordat cum registro cancellariæ
Episcopatus Aginnensis.

MOURAN, c. s.-g.

V.

PROCÈS-VERBAL.

**De la réception d'une relique de sainte Foy, en-
voyée de Conques à Agen en 1807.**

Joannes Jacoupy, miseratione divinâ et Sanctæ Sedis
apostolicæ gratiâ, episcopus Aginnensis, universis præsentes
litteras inspecturis salutem in Domino.

Ad majorem Dei gloriam, ad honorem sanctæ Fidis virginis et martyris Aginnensis et ad fovendam pietatem curialium
Ecclesiæ in hâc urbe sub ejus invocatione dicatæ. Nos in
pyxide ovata à ferro candido, ab unâ parte vitro clausa, ab
altera autem operculo tœniolis sericis rubris quatuor sigilloque nostro munito, reverenter deposuimus quasdam ejusdem
sanctæ Fidis reliquias, partem scilicet ipsius coxæ dexteræ,
quam misit R. D. Joannes Petrus Aymé Parochus Concharum, quo asportatum fuerat, ubique sanctæ Matyris quiescit
corpus, dempto capite, in Ecclesiâ nostrâ cathedrali asservato. Parochi istius testimonium die 25ª junii anni proximè
elapsi exaratum, et à R. D. Joanne-Antonio-Francisco de
Malvin de Montazet, in provincia ab Avernio dicta, Cadurcensis diœcesis Vicario Generali, die 30ª septembris sequentis

confirmatum, huic sacro ossi vitta serica rubra cujus extremitates Illustrissimi et Reverendissimi D. D. Cadurcensis Episcopi sigillo sunt obsignatæ religatum est. Duo insuper in capsulâ eâdem parva inclusimus ossa, quæ ex unâ thecâ in alteram transtulerat R. D. Joannes Daures, archidiaconus Vicarius Generalis et Officialis Aginnensis, die 25ᵃ septembris 1689, ut ipse testatur in membrana eâdem pixide inclusa, quæque velut sanctæ Fidis reliquiæ, publicis continuisque potita sunt honoribus. Has igitur nostras sanctæ virginis et martyris reliquias ejus in populares suos clientelæ pignus, ac nostri in eam cultus et fiduciæ incentiva, Ecclesiæ ejus nomine gloriantis Rectori, ædituis et parochianis commendamus et publicæ Christifidelium venerationi exponi permittimus.

Actum et datum Aginni, sub signo sigilloque nostris, nec non secretarii Episcopatus nostri chirographo, præsentibus magistris Joanne Irizio Roux, vicario nostro generali, Joanne Baze prædictæ sanctæ Fidis Ecclesiæ Rectore, Francisco Albaniac ejusdem Parœchiæ vicario, Caprasio Dubenca, Petro Belloc, Gullielmo Malroux, presbyteris, et D. D. JoanneLacam clerico, Joanne Andrieu, Jacobo Fourès, Gullielmo Ricard, Joanne Chalmel, præfatæ ecclesiæ ædituis, testibus ad præmissa vocatis et Nobiscum subscribentibus, anno Domini millesimo octingentesimo septimo, die vero mensis januarii vigesimâ tertiâ.

† JOANNES, Episcopus Aginnensis
Sic signatus.

Concordat cum registro cancellariæ
Episcopatus Aginnensis.

MOUNAN, c. s.-g.

Il résulte de ces pièces qui nous ont été communiquées avec une entière bienveillance, par le secrétariat de l'évêché d'Agen, et qui nous avaient été signalées aussi par M. l'abbé Magen, curé de St-Hilaire, de la même ville : 1° Que les reliques de sainte Foy que possédait la ville d'Agen n'étaient pas bien déterminées, et que l'on croyait posséder seulement quelques-uns de ses ossements et un peu de ses cendres ;

2° qu'en admettant même que ces ossements fussent du crâne, il est avéré qu'ils n'étaient pas unis et formant un tout, puisqu'ils étaient pliés dans des suaires de soie, et ont été remis à l'évêché d'Agen en plusieurs parties ou fragments ; 3° que rien n'autorise le rédacteur du cinquième procès-verbal, celui qui parle de la réception de la relique de Conques, donnée par M. le curé Aymé, à dire qu'il faut excepter du dépôt conservé dans la célèbre abbatiale, la tête de la sainte martyre, *dempto capite,* attendu que ce chef précieux n'était point dans le reliquaire d'Agen, comme celui de saint Caprais, à moins que, par ces mots, le rédacteur n'ait voulu dire d'une manière générale ce que relatent la seconde et la troisième pièces, et entendre par ce mot de tête, quelques fragments et ossements de ses dépendances.

C'est donc bien à Conques, dans la célèbre statue d'or, que se trouve la partie supérieure du chef de notre gracieuse sainte, et ce qui est à Agen ne peut être que des fragments de la partie inférieure, si tant est même que ce soit des ossements de la tête.

VI.

RELIQUES DE SAINTE FOY

Possédées par les Carmélites d'Agen.

Indépendamment des reliques ci-dessus mentionnées, les carmélites d'Agen possèdent une relique de sainte Foy, d'une longueur d'environ 15 centimètres, qui semble être un *radius* ou *cubitus,* plus deux petits morceaux sur un carton, dont un mesure 3 centimètres de long et l'autre 2 centimètres 1/2. Ces deux morceaux paraissent être une poussière coagulée avec des colles fortes.

Elles tiennent ce *radius,* m'ont-elles assuré, de leurs anciennes mères, et elles, le possédaient dans leur couvent, dès avant la Révolution française.

D'après une version qui a été donnée à Mgr Fonteneau,

évêque actuel d'Agen, par M. l'abbé Mindre, curé d'Artigues, près Agen, il n'en serait point ainsi. Cette relique aurait appartenu avant la Révolution à l'église de Ste-Foy. A cette époque M. Mindre, grand-père de l'ecclésiastique dont nous venons de parler, aurait pris ces reliques dans la châsse de la sainte qui était déposée dans l'église qui lui est dédiée, et les aurait rendues, après le rétablissement du culte, à l'évêché. Mgr de Vezins les aurait données plus tard aux carmélites qui les possèderaient de cette manière.

Au mois d'octobre 1878, les mêmes religieuses ont reçu de M. l'abbé Gerbeaud, curé de Pujols, près de Villeneuve-sur-Lot, des cendres et poussières que l'on vénérait comme des restes de Ste-Foy dans cette église, qui fait actuellement partie de la circonscription de la paroisse de St-Nicolas. Nous leur avons donné nous-même quelques pincées des cendres de la grande martyre, pour qu'elles puissent en faire de petits reliquaires, et nous les avons exhortées de notre mieux à s'employer, par l'exposition de leur insigne relique du bras de la sainte, à faire revivre son culte.

VII.

PROCÈS-VERBAL

De remise et de réception d'une relique de sainte Foy, vierge et martyre, donnée et apportée par Monseigneur l'Evêque de Rodez à l'église paroissiale de sainte Foy d'Agen.

L'éclat qu'ont eu les fêtes de Conques, et la reconnaissance des reliques de la grande Vierge Agenaise ne pouvaient manquer d'attirer l'attention des fidèles de la ville que Ste-Foy avait consacrée par son martyre. Aussi nous sommes-nous rendu bien volontiers à la demande de Mgr l'Evêque d'Agen ; et vers la fin du mois de mai 1879, nous avons été nous-même porter une relique assez notable à la paroisse de Ste-Foy d'Agen, où de grandes fêtes ont eu lieu pour sa réception ; et nous avons dressé à cette occasion le suivant procès-verbal.

Joseph-Christian-Ernest BOURRET , par la miséricorde divine et la grâce du Saint-Siège apostolique, Evêque de Rodez et de Vabres, à tous ceux qui les présentes verront Salut et Bénédiction Apostolique.

Sur la demande de notre vénérable collègue Monseigneur Jean-Emile Fonteneau, Evêque d'Agen, et pour le plus grand honneur de Sainte Foy, l'illustre patronne de cette ville et de ce diocèse, nous avons extrait de la célèbre châsse recouverte d'émaux qui renferme le corps de la sainte Martyre, dans la petite ville de Conques, au diocèse de Rodez, laquelle châsse a été récemment découverte et restaurée par nos soins, un ossement qualifié par les médecins de *fragment d'humérus*, mesurant en longueur six centimètres et demi, et en circonférence trois centimètres et demi environ ; le dit ossement étant fendu par le milieu.

Nous avons ajouté à cette relique précieuse un fragment des régions temporales ou occipitales de la tête de la glorieuse Martyre, contenue dans le grand voile de soie jaune qui était joint à la partie supérieure de la tête, qui est doublée en argent et renfermée dans la célèbre statue d'or, appelée la Majesté de Sainte Foy, *majestas aurea*, qui est également conservée à Conques en Rouergue. Ce dernier fragment mesure dans sa plus grande longueur deux centimètres et demi, et un centimètre et demi dans sa largeur.

Ces deux reliques insignes ont été apportées par nous à Agen, le 24 mai 1879, et portées processionnellement dans l'Eglise dédiée à Sainte Foy, en cette même ville, au milieu d'un concours immense de peuple, en présence du chapitre de la cathédrale, du clergé des environs, de Monseigneur de Langalerie, archevêque d'Auch, de Mgr Fonteneau, évêque d'Agen, du Révérendissime Père Edmond, abbé de Saint Michel de Frigolet, de l'ordre de Prémontré et Prévôt de l'Eglise de Conques, et de Nous-même, le lendemain dimanche, 25 mai, de la même année.

Après cette solennelle translation, nous avons fait insérer les dites reliques dans un petit coffret fermé à clef, rappelant en petit la châsse de Conques, recouvert à l'extérieur de cuir noir et parsemé de petites épingles en acier argenté et doublé à l'intérieur de satin rouge, le tout revêtu de notre sceau et de celui de Mgr l'Evêque d'Agen. La dimension du dit coffret est d'environ seize centimètres en longueur, six centimètres en largeur et de neuf centimètres en hauteur. Il porte deux petits émaux modernes sur le devant et un petit émail bleu sur le couvercle, avec les initiales : S. F.

En foi de quoi nous avons signé, de concert avec Mgr l'Evêque d'Agen, le présent instrument d'authenticité, pour valoir ce que de droit.

Fait à Agen, le vingt huit mai, mil huit cent soixante-dix-neuf.

Signé : † ERNEST, *évêque de Rodez et de Vabres.*
† JEAN EMILE, *évêque d'Agen.*

Par mandement de Nos Seigneurs les Evêques de Rodez et d'Agen,

Signé : MOURAN,
Chan. secr.-général.

CINQUIÈME PARTIE

Pièces concernant les Reliques trouvées dans une pierre cubique près de celles de sainte Foy et dans un tronçon de fût de colonne, sous la table du maître-autel.

La Commission par nous désignée pour reconnaître les reliques découvertes à Conques, parle de deux caisses, et s'exprime ainsi dans son procès-verbal du 26 avril 1875, en parlant de la seconde :

« La caisse qui vient d'être décrite, occupait le centre en arrière de l'autel ; des fouilles poursuivies du côté de l'évangile ont amené la découverte d'une pierre taillée cubique, dans le cœur de laquelle avait été creusée une niche de 20 centimètres de long et 12 de large, recouverte par une pierre taillée à la mesure de l'orifice et reposant sur des rainures. Dans cette pierre, qui a été retirée tout entière et portée par quatre hommes sur un bayart au presbytère, il a été retiré sous les yeux des soussignés, des ossements, en bien moindre quantité que ceux trouvés dans le coffre en bois, et diverses plaquettes en ivoire, portant des ornementations mérovingiennes. »

Ces reliques sont encore mentionnées dans le procès-verbal du 11 août 1866, sous la cote n° XIII et l'intitulé suivant :

« Dans un plat rond en faïence, nombreux débris de petits ossements et fragments variés d'un coffret en os ciselé, avec dessins divers de forme et de grandeur ; amas de cendres et poussières. »

Que contenait donc cette auge ou pierre cubique, mesurant 22 centimètres de longueur sur 26 de largeur et 15 de profondeur, selon les dimensions exactes que nous avons fait prendre à nouveau (1).

Le vendredi 28 juillet 1876, ce récipient fut soumis à l'examen des commissaires par nous nommés à cet effet, et voici le résultat de leurs investigations.

I.

EXAMEN

Du plat renfermant les objets du reliquaire côté numéro XIII au procès-verbal du 11 août 1876.

I.   13 A. Débris de fragments d'os gravé, ornements, cercles, entrelacs.

II.   13 B. Os.

III.   13 C. Petit fragment d'os indéterminable.

IV.   13 D. Petit crochet de bronze et fragment de bois.

V.   13 E. Fragment de bois.

VI.   13 F. Clous avec empreinte de bois.

VII.   13 G. Cailloux, pierre, etc.

VIII.   13 H. Poussière tamisée.

IX.   13 I. Résidu du tamisage.

Telle est la description qui a été faite une première fois. En soumettant ces objets à un nouvel examen d'archéologues et de médecins, il nous a été facile de constater que ces débris de fragments d'os gravés, avec ornements de cercles entrelacés et d'ourlets cordillés, étaient les restes d'un ancien reliquaire d'origine certainement mérovingienne, que l'on avait mis dans ce cube de pierre, probablement en même temps que le coffret renfermant les reliques de sainte Foy, pour les soustraire au même danger et les cacher aux mêmes cupidités. Ce coffret en os devait être un peu plus petit que les dimensions de la pierre cubique qui le renfermait ; il était

(1) La pierre cubique mesure elle-même à l'extérieur : longueur 63 cent.; largeur 37 ; hauteur 40.

composé d'abord d'une âme de bois de châtaignier, dont quelques fragments ont été encore retrouvés, et c'est sur cette âme que les plaques d'os ivoirées avaient été attachées, au moyen de clous nombreux dont il reste encore une soixantaine. Il semblerait que ces os ainsi plaqués ont été, dans quelques rainures au moins, ornementés d'émaux ou de peintures en forme d'émaux, car nous avons trouvé quelques restes de coloration rouge, verte et bleue. Il est à remarquer du reste que ces os ciselés sont de même nature et de même ornementation que les fragments en forme de dé arrondi que nous avons mentionnés dans l'inventaire des reliques de sainte Foy, avec lesquelles il aurait été d'ailleurs mêlé par mégarde, d'après M. l'abbé Cérès, un des commissaires par nous désignés, qui se rappelle très bien, nous a-t-il dit, que ce dé faisait partie du contenu de la pierre cubique.

Ce reliquaire avait-il été mis entier et en bon état de conservation dans l'auge au fond de laquelle on l'a retrouvé ? Ce n'est pas probable, et les milliers de petits débris dans lesquels ce plaquage en os a été réduit, rappelant assez bien la disposition sans ordre que présentaient les reliques de sainte Foy, feraient croire qu'on a mis dans le cube, avec la relique que l'on voulait conserver, les débris de l'antique reliquaire mérovingien.

Il pourrait se faire aussi, qu'au moment où on a mis ce reliquaire dans le cube, ou depuis, une pression violente de la pierre qui recouvrait le tout eût déterminé cette fragmentation multiple.

Quoiqu'il en soit, les autres résidus de pierre, cailloux, débris de chaux, de petits insectes qui forment un volume assez considérable, proviennent du cube lui-même et des détériorations avoisinantes qui l'ont rempli à des dates même assez rapprochées, puisque dans ces débris que nous avons examinés attentivement à la loupe, il s'est trouvé un petit morceau de papier avec trois ou quatre mots imprimés.

Au milieu de ces débris d'os gravé, de clous, de bois, de poussière et de petits cailloux, il s'est trouvé un ossement de forme arrondie et un peu recourbée, mesurant dans sa plus grande longueur 4 centimètres et offrant un diamètre moyen de 4 centimètres aussi.

Cet ossement qui paraît fort ancien et qui est par conséquent très friable, a été soumis à l'examen du docteur Viala qui l'a ainsi déterminé :

II.

CLASSIFICATION

Par le docteur Viala de l'ossement renfermé dans la pierre cubique trouvée sous le maître-autel de Conques, à côté de la châsse de sainte Foy.

Rodez, le 20 juin 1880.

Ce fragment osseux est enveloppé dans un papier portant les mots suivants : *N° XIII. — Reliquaire en pierre. — Os, 11 — 13 — B.* Cet os est long de trois centimètres et demi environ, irrégulièrement arrondi dans le sens de sa longueur, un peu aplati dans le sens vertical. Quoique très altéré dans ses parties caractéristiques, à cause de sa vétusté, il me paraît être *la portion postérieure, ou vertébrale, d'une des premières côtes gauches* (la deuxième probablement). Cette opinion est basée sur les trois caractères suivants : 1° On distingue à l'extrémité pointue et à sa partie inférieure une sorte de surface articulaire, oblongue ou costo-vertébrale ; 2° Vers la partie moyenne de l'os, sur sa partie postérieure, on distingue *nettement* la surface articulaire de l'apophyse ou tubérosité costale ; 3° Enfin la forme arrondie suivant l'arc habituel des côtes de la partie supérieure du thorax. Ayant eu l'occasion d'examiner antérieurement des ossements de sainte Foy, je suis frappé par les caractères de ressemblance de ce fragment osseux avec ceux que j'ai déjà examinés, au point de vue de *l'âge probable de l'individu.* Ces caractères frappent surtout, quand on compare ces fragments avec des parties similaires d'un squelette d'adulte d'un âge plus avancé que celui auquel ces fragments doivent être rapportés.

Docteur VIALA.

III.

DISCUSSION

De la provenance de cette relique.

De quel saint ou de quelle sainte provient cette vénérable relique ? Évidemment c'est une des plus précieuses et des plus anciennes qui fussent dans le trésor, puisque d'une part on l'avait mise dans un reliquaire très bien travaillé et d'une époque très éloignée, et que de l'autre on l'avait caché avec les mêmes précautions que les reliques de sainte Foy dont on était si jaloux.

Toutefois, il nous a été impossible de rien trouver qui put de près ou de loin nous mettre sur la trace d'une indication précise. De tous les débris minutieusement examinés et recensés, il n'est ressorti ni inscription, ni gravure métallique, ni reste de phylactère, rien en un mot qui ait pu, nous le répétons, nous faire découvrir la provenance de ce précieux ornement.

Dans l'inventaire des anciennes reliques de Conques publié par M. l'abbé Servières, dans son *Guide du pèlerin à sainte Foy de Conques*, il est bien question au n° 37 d'une côte et d'un doigt de sainte Marthe, et la supposition que cette relique peut lui appartenir ne manquerait pas d'une certaine vraisemblance, si on se reporte à l'antiquité du reliquaire et à la circonstance qu'une partie des reliques de cette sainte, un bras notamment, a été apporté dans le Rouergue, à Cabanès ; mais, outre que la désignation du docteur qui a fait l'examen peut n'avoir pas une certitude absolue, l'inventaire imprimé, dans le *Guide du pèlerin*, ne paraît pas remonter au delà du XVII° siècle, peut-être même du XVIII° siècle, et il pourrait très bien se faire que ceux qui l'on fait ne connussent pas même l'existence de cette relique, cachée avec celle de sainte Foy dans le mur de l'entre-colonnement de l'abside.

Faut-il voir là un nouveau reliquaire de sainte Foy ? l'antiquité du coffret dont nous avons décrit les débris semble être d'une époque bien antérieure à la translation des reliques de la vierge agenaise à Conques, et s'opposer par conséquent à cette supposition. Il en serait de même pour les autres saints martyrs agenais tel que saint Vincent, saint Caprais, sainte Alberte, dont les restes n'ont pu être portés à Conques qu'avec ceux de leur noble compagne, et dont on trouve d'ailleurs les reliques, en partie du moins, dans d'autres reliquaires. A la vérité, on pourrait dire qu'on a placé les ossements de ces saints martyrs dans un coffret plus ancien que l'on possédait, et alors il ne serait pas impossible que cet ossement fut de saint Caprais, par exemple, qu'on aurait voulu mettre auprès de celle qu'il avait élevée et qui l'avait encouragé lui-même au martyre. Dans cet ordre de suppositions, on pourrait dire encore qu'on avait pris un ossement de sainte Foy, comme on l'a fait depuis, dans un petit reliquaire, pour l'exposer à la piété des fidèles et n'avoir pas à toucher à la châsse principale ; mais nous ne pouvons sur tout cela qu'émettre des hypothèses, n'ayant point un signe certain de reconnaissance.

Un jour peut-être, au moyen de la description du vieux coffret dont nous venons de parler, et dont nous avons laissé à découvert les principaux fragments à côté de la relique qu'il renfermait, dans le nouvel arrangement que nous avons pris, on pourra arriver à cette détermination que nous ne pouvons faire nous-même.

En conséquence, nous déposons cet ossement avec l'inscription, *reliquiæ sancti vel sanctæ nominis incerti*, dans une des cassettes en bois, recouverte de cuir noir avec rainceaux à clous d'acier, que nous avons fait faire à l'instar de la châsse renfermant les reliques de la grande martyre de Conques. Cette cassette mesure 15 cent. de longueur, sur 7 1/2 de hauteur, porte sur son devant deux petits émaux ronds, et sur son couvercle un petit émail bleu avec les initiales S. F.

En même temps que la relique, qui est accompagnée de chaque côté des fragments les plus notables de l'ancien reliquaire en os gravé, nous déposons dans le petit coffret des sachets qui contiennent comme spécimen des portions des résidus qui étaient renfermés dans la pierre cubique, avec le procès-verbal suivant écrit sur parchemin.

IV.

PROCÈS-VERBAL

D'examen et de reconnaissance de la relique trouvée dans un cube de pierre à Conques, dans le mur de l'entre-colonnement de l'abside à côté de celles de sainte Foy.

Joseph-Christian-Ernest BOURRET, par la miséricorde divine et la grâce du St-Siège apostolique, évêque de Rodez et de Vabres,

Faisons savoir à tous ceux à qui il appartiendra, qu'ayant soigneusement examiné un amas de débris composé de fragments d'os gravés et ciselés, de petites pierres, débris de bois, poussières, etc., qui provenaient d'une pierre cubique renfermée dans le mur de l'entre-colonnement de l'abside de l'église de Conques, et placée à côté du coffre qui renfermait les ossements de sainte Foy, nous en avons extrait un ossement mesurant en longueur 4 cent. de diamètre, qui, au rapport de M. le docteur Viala, paraît être une portion postérieure ou vertébrale d'une des premières côtes gauches d'une personne humaine et jeune d'âge.

Cet ossement est assurément une relique précieuse et ancienne ; mais il nous a été impossible d'en déterminer la provenance, et nous l'avons mis, avec l'inscription, *Reliquiæ sancti vel sanctæ nominis incerti*, dans un petit coffret de bois recouvert de cuir noir, avec rinceaux à tête d'acier, d'une longueur de 15 centimètres et d'une hauteur de 7 centimètres et demi, portant deux petits émaux verts sur le devant, et un petit émail bleu sur le couvercle, avec l'inscription S. F. Le tout fermé et cacheté du sceau de nos armes en cire rouge.

Et c'est ainsi que cette relique sera exposée à la vénération des fidèles.

Signé : † ERNEST,

évêque de Rodez et de Vabres.

V.

RAPPORT

De M. l'abbé Servières sur les reliques trouvées sous l'ancien maître-autel de l'église de Conques.

L'an 1866, au mois de mai ou de juin, M. le curé de Conques faisait démolir le maître-autel, qui datait probablement de la fin du XVIᵉ siècle, afin de le remplacer par un autre. Les ouvriers, après avoir enlevé la table supérieure, trouvèrent immédiatement au-dessous de celle-ci une autre table d'autel en marbre blanc, qui subsiste encore et qui date du XIᵉ siècle, à ce que l'on assure. Sous le milieu du tombeau de l'autel, on découvrit un tronçon de fût de colonne en pierre calcaire de 30 cent. de hauteur, et de 33 cent. de diamètre. La face supérieure de ce fût était couverte par une ardoise fine et circulaire qui fermait une ouverture. L'ardoise ayant été brisée, apparut l'ouverture qui était creusée dans la pierre, dans la forme d'un losange arrondi sur les bouts, et offrant de petites coupes carrées à la naissance des courbures.

Cette ouverture avait 10 cent. de profondeur et 23 cent. à son plus grand diamètre. Dans l'intérieur de l'ouverture, on trouva deux boîtes, l'une en bois, l'autre en albâtre. Celle de bois, vermoulue à l'intérieur et très légère, est circulaire et en forme d'urne; la partie supérieure, étant inégale et brisée, fut rasée par ordre de M. le Curé, afin de recevoir un couvercle. Cette boîte, de forme élégante et ornée de quelques lignes coloriées, a 7 cent. de hauteur, 8 cent. à la panse et 7 cent. de diamètre à l'ouverture. La boîte d'albâtre est aussi circulaire, de forme élégante, et a 95 millimètres de diamètre et 5 cent. de hauteur ; elle n'a pas de couvercle.

Les deux boîtes étaient pleines de débris de reliques qui seront décrits ci-dessous ; ces débris étaient divisés par petits paquets. « Il me semble me rappeler, m'écrit M. l'abbé Mouly, curé de Coignac et ancien vicaire de Conques, que du papier complètement détérioré, qui ne conservait plus de trace d'écriture lisible, enveloppait les paquets des reliques. » C'est aussi ce qui m'a été attesté par le sieur Fourquet, de Conques, l'un des ouvriers présents à la découverte. Je n'ai trouvé dans les paquets décrits ci-dessous aucun lambeau de ces papiers qui ont dû tomber en poussière. Tous les petits paquets furent enveloppés dans des sachets de soie neuve et remis dans les boîtes et les boîtes dans le creux du fût dont l'ouverture fut fermée par une nouvelle ardoise scellée au ciment. Enfin, lorsque le nouvel autel fut placé, on déposa le fût avec son précieux contenu dans une niche pratiquée derrière l'autel, sous le tabernacle. Il y est demeuré jusqu'en 1876, époque où, par ordre de Mgr l'Evêque, il fut transporté au presbytère et ouvert par M. Grinda.

VI.

INVENTAIRE

Des reliques trouvées dans le fût.

N. B. — Les numéros ci-dessous correspondent au numéro inscrit sur chacun des petits paquets.

Nº 1.

Fragment de l'extrémité supérieure d'un tibia, enveloppé dans une soie moderne foulard blanc et dans une seconde pièce de soie damassée bleue.

Nº 2.

Débris de tissus ressemblant à la charpie et renfermant

une poussière ou matière organique paraissant ensanglantée ; enveloppés dans une soie moderne damas blanc, vert et violet.

N° 3.

Débris peu considérables de tissus qui paraissent sanglants, enveloppés dans une soie moderne bleue.

N° 4.

Tissus, linges et soies, imbibés, ce semble, de sang ; —*une dent canine* qui paraît de petite dimension ; —un fragment, de la grandeur de la main, en mauvais état, d'un tissu qui semble de fil, déchiré, orné de dessins bleus d'un caractère antique, qui rappellent ceux du voile de sainte Foy ; enveloppe de soie moderne.

N° 5.

Un fragment osseux indéterminé ; fragments de soie rouge ; enveloppe de soie bleue moderne.

N° 6.

Fragment de cubitus ; — enveloppe de soie verte moderne.

N° 7.

Deux fragments d'ossements indéterminés.

N° 8.

Une dent qui paraît de petite dimension ; — huit petits débris d'ossements ; — débris d'antique étoffe verte.

Conques, le 23 juillet 1880.

L. SERVIÈRES.

Ces reliques ont été mises à part par les religieux Prémontrés dans le trésor, jusqu'à ce que de nouvelles études puissent amener à une détermination certaine ou plausible, s'il est possible, après quoi elles devront être mises séparément et avec les étiquettes convenables dans un reliquaire décent.

Il n'est pas douteux que puisque ces reliques étaient mises sous le maître-autel, à l'endroit même que doit baiser le prêtre qui offre le sacrifice, elles devaient être 1° très précieuses ; 2° appartenir à des martyrs, puisque l'Eglise ne laisse mettre que celles-là liturgiquement à cette place. Il semblerait donc que ces précieux restes pourraient encore être attribués aux saints martyrs agenais, peut-être à sainte Foy, à laquelle l'autel était dédié, et dont on aurait voulu avoir quelques parties des vénérables restes sous la table même de l'autel ; mais nous ne sommes ici que dans le domaine des conjectures, et s'il convient de tenir ces reliques pour très saintes, on ne peut encore sortir des hypothèses.

SIXIÈME PARTIE.

—

Descriptions et procès-verbaux concernant les reliques de quelques autres saints du trésor de Conques, et notamment celles qui sont renfermées dans le reliquaire en forme d'arche, et que la tradition a regardées jusqu'à ce jour comme appartenant à sainte Foy.

—

I.

RELIQUES

Attribuées par la tradition à sainte Foy, renfermées dans le reliquaire en forme d'arche et description de cette petite châsse.

Nous devons une attention spéciale, surtout à cause de son contenu, à une châsse d'argent qui n'a pas été montrée à M. Darcel et que cet auteur n'a pas décrite. Sa forme est celle d'un coffre ou d'une arche de 22 centimètres de hauteur, sur 35 de longueur et 15 de largeur à la base. Ce reliquaire est vulgairement appelé châsse de sainte Foy. C'est celui qui est mentionné en 1734, dans une donation authentique d'une relique de sainte Foy, faite à un descendant de la famille de la sainte par le chapitre de Conques *(Histoire de sainte Foy)*. Cette relique fut « tirée du coffre carré d'argent qui est au milieu du reliquaire de ladite église, dans lequel coffre repose le corps de sainte Foy. » Dans la partie basse de ce reliquaire se trouvent cinq sachets de soie noire qui contiennent les ossements de la sainte. Dans la toiture de cet édicule, trois ouvertures, l'une circulaire au milieu, les autres en forme de fenêtres cintrées, donnent accès dans trois compartiments où l'on voit trois sachets de soie bleue contenant des reliques.

Dans l'un de ces compartiments, on a trouvé une lame de plomb où étaient gravés ces mots : *de pollice s. Pauli*, du pouce de saint Paul : C'est donc une des reliques du grand apôtre qui sont mentionnées dans le catalogue ; c'est sans doute ce même doigt qui a écrit les sublimes épitres, objet de l'admiration des siècles. La toiture de l'arche est ornée d'une riche corniche qui la couronne. Au bas s'ouvre une belle porte en filigrane, semblable à celle qui décore le bras de saint Georges ; elle est d'un caractère bien différent du reste du reliquaire qui n'offre rien de bien remarquable au point de vue de l'art. On y admire cependant quatre pierres fines ; bien d'autres ont disparu. Deux belles perles de cristal de roche ornent la façade de ce reliquaire qui offre les caractères du XIV° siècle.

(Extrait du Guide du pèlerin a sainte Foy de Conques, *par l'abbé Servières, page 82.)*

Tout cela n'est pas parfaitement exact, notamment en ce qui concerne les dimensions de la châsse que nous avons rectifiées ; mais quoiqu'il en soit, ce reliquaire était en assez mauvais état, et nous l'avons fait réparer par notre habile orfèvre de Paris, M. Poussielgue-Rusand, qui l'a consolidé et a remis sur sa surface les pierres qui manquaient, refait quelques plaques, changé les cristaux, sauf la lentille convexe du milieu, et rapporté la croix qui surmonte la galerie.

Les étoffes qui enveloppaient les reliques étant passées, nous les avons recouvertes d'une étoffe de soie rouge pour celles qui sont attribuées à sainte Foy, et d'une étoffe en drap d'or pour les autres ; le tout d'ailleurs selon qu'il est décrit dans le suivant procès-verbal.

II.

PROCÈS-VERBAL

De reconnaissance des reliques contenues dans ce reliquaire.

† Joseph-Christian-Ernest BOURRET, par la miséricorde divine et la grâce du Saint-Siége apostolique, évêque de Rodez et de Vabres,

Faisons savoir à tous ceux à qui il appartiendra, qu'ayant visité le reliquaire d'argent de l'ancienne abbaye de Conques fait en forme d'arche, et mesurant 35 centimètres de longueur et 22 centimètres de hauteur, dite châsse de sainte Foy, nous avons trouvé dans le compartiment du bas cinq sachets couverts d'une soie noire et renfermant des ossements avec leurs débris, plus deux sachets couverts de soie bleue, dans le compartiment ogival du haut placé à gauche en regardant de face le reliquaire, un sachet couvert de même étoffe, dans le compartiment rond qui le suit, et un autre paquet également de soie bleue dans le compartiment ogival de droite. Ces paquets ne portaient aucune inscription ni signe de reconnaissance, mais sachant que ceux du compartiment d'en bas avaient toujours été regardés et conservés soigneusement par les curés de Conques comme des ossements de sainte Foy, vierge et martyre, nous les y avons replacés, après les avoir fait reconnaître par Messieurs les docteurs Lala et Viala, de Rodez, et recouvert de soie rouge avec l'inscription suivante ; *Reliquiæ quæ ex traditione creduntur Stæ Fidis martyris*. Nous avons toutefois extrait de ce compartiment un paquet des dits ossements que nous avons donné aux religieux Prémontrés de Conques ; nous en avons également extrait un cinquième paquet qui renfermait un grand ossement avec une plaque de plomb où l'on lisait : « *Reliquiæ sancti Pauli apli.*, » que nous avons placé à part dans un petit reliquaire cylindrique avec pièces à l'appui.

Les reliques des compartiments du haut ne nous ayant

point été données directement comme des reliques de sainte
Foy, nous avons placé derrière chacun des paquets l'inscription : « *Reliquiæ sancti vel sanctæ incerti nominis*, » et nous
avons scellé le tout du sceau de nos armes.

Nous avons inséré avec cette même étiquette, dans le
compartiment du bas, un paquet du compartiment gauche
du haut, parce qu'il ne pouvait être contenu dans son ancien
compartiment par suite du nouvel arrangement donné au
reliquaire.

Dans le compartiment du bas du reliquaire, derrière la
porte filigranée, nous avons mis une relique apparente,
tirée de la tête de sainte Foy contenue dans la statue pour
proposer d'une manière certaine les reliques de cette sainte
à la vénération des fidèles.

Fait à Rodez, le neuf octobre, mil huit cent soixante dix-
huit, dans l'octave de sainte Foy.

† ERNEST,

évêque de Rodez et de Vabres,

Ce petit coffre en forme d'arche parait bien être le même
que celui qui est décrit dans les historiens, sous le nom de
Châsse de sainte Foy, et duquel les chanoines de Conques
tirèrent en 1734 une relique de la sainte destinée au conseiller de la Cour de Bordeaux, *Delabat de Savignac*, descendant,
disait-on, de sa famille.

Au témoignage de M. l'abbé Mouly, aujourd'hui curé de
N.-D. de Ceignac, et ancien vicaire de Conques, M. Turq-
Calsade, curé de la paroisse, tenait avec grande jalousie les
ossements qui y sont renfermés, dans une boîte en carton,
que plusieurs paroissiens de Conques nous ont même assuré
avoir vu porter dans les processions, et ces reliques étaient
celles que l'on regardait unanimement comme les reliques
de sainte Foy, la grande châsse en cuir épinglé n'ayant point
encore été découverte.

« Deux ans environs avant la mort de M. Turq-Calsade,
c'est-à-dire vers 1870, écrit M. l'abbé Mouly, je mis par

son ordre dans de petits sacs en soie noire et bleue, grossièrement cousus, tous les ossements que l'on a retrouvés plus
tard et qui étaient alors conservés dans la boîte de carton en
forme de châsse à la sacristie. » Dans cette boîte ils devaient
déjà former de petits paquets séparés, car sous l'enveloppe
grossière dont parle M. l'abbé Mouly, se trouvaient d'autres
sachets en assez mauvais état, preuve de leur ancienneté.
Malheureusement aucun de ces sachets ne portait d'étiquettes, et il est bien difficile de savoir au juste s'ils sont tous remplis des ossements et des cendres de notre sainte martyre.

Nous le croirions pour notre part assez volontiers d'après
les indications suivantes : 1° De l'avis des médecins et à
l'inspection, ils paraissent de même forme et de même nature
que ceux de la grande châsse ; 2° ceux de ces ossements qui
ne sont pas du même sujet semblent porter leur étiquette
spéciale, comme celui qui est attribué à saint Paul ; 3° il est
probable que voulant dérober la grande châsse aux regards
et aux déprédations possibles, on ait fait une petite réserve
pour la vénération des fidèles et les donations éventuelles, ce
qui concorderait d'ailleurs assez bien avec le contenu de la
grande châsse qui est loin d'offrir tous les membres de la
sainte.

Les choses qui passent par tant de mains sont difficiles à
préciser ; cependant on voit toujours que l'idée et le souvenir
de sainte Foy sont sur cette petite arche qui est restée pendant longtemps le signe de l'alliance de la vierge agenaise
avec son peuple d'adoption.

Sous le bénéfice de ces observations, on pourrait donc considérer comme appartenant à la glorieuse martyre tous les
paquets qui avaient été mis dans l'arche et que nous y avons
maintenus, tant les uns que les autres.

II.

RELIQUES DE SAINT PAUL APOTRE.

Il vient d'être question, dans la pièce ci-dessus, d'une
relique de l'apôtre saint Paul, qui se trouve mentionnée

du reste dans l'ancien catalogue de l'inventaire du trésor de Conques.

Le reliquaire dans lequel nous l'avons déposée seule et en évidence, à cause de la grande révérence qui lui est due, est une pièce en argent doré, soutenue par un pied à six lobes, avec cylindre horizontal de cristal, mesurant 9 centimètres de longueur, ayant les côtés encadrés par deux plaques a décorations architecturales, et surmontée d'un galbe curviligne orné de crochets et dominé d'une croix. Voici au surplus le procès-verbal de reconnaissance de cette précieuse relique.

† Joseph-Christian-Ernest Bourret, par la miséricorde divine et la grâce du Saint-Siège apostolique, évêque de Rodez et de Vabres.

Faisons savoir à qui il appartiendra, qu'en visitant le reliquaire d'argent de l'ancienne abbaye de Conques, fait en forme d'arche et mesurant 35 centimètres de longueur sur 22 centimètres de hauteur, nous avons trouvé un grand ossement recouvert de soie noire avec cette inscription sur une plaque de plomb : « *Reliquiæ Sancti Pauli apli* » mêlé à quatre autres paquets de reliques que la tradition donnait comme des reliques de sainte Foy.

Nous avons fait reconnaître ce grand ossement par les docteurs Viala et Lala de Rodez qui l'ont qualifié ainsi : « Branche horizontale du pubis droit avec surface articulaire correspondante au fond de la cavité cotiloïde. » Nous avons extrait cette relique, du plus grand prix, du lieu où sans doute par mégarde on l'avait mise, et nous l'avons placée dans un reliquaire à pied surmonté d'un verre cylindrique, dans lequel nous avons déposé l'inscription en plomb et l'original du présent procès-verbal.

Fait à Rodez, le neuf octobre mil huit cent soixante-dix-huit, fête de saint Denis et de ses compagnons martyrs,

† ERNEST,
évêque de Rodez et de Vabres.

I.

ANNEXE A LA PIÈCE PRÉCÉDENTE

Rapport de M. Grinda, architecte et archéologue, sur une relique de S. Pierre trouvée dans l'ancien autel de la petite église de Pomiès, dans le voisinage de Conques.

Conques, le 11 août 1876.

Monseigneur,

Le zèle de votre Grandeur pour tout ce qui touche à l'antiquité et à l'illustration de l'Eglise de Rodez me fait espérer qu'Elle recevra avec plaisir communication d'une découverte faite déjà depuis quelques années à Pomiès, et sur laquelle il convient de revenir pour rectifier certaines appréciations erronées.

Il y a quelques années, en démolissant l'antique autel du XIe siècle qui existait dans l'ancienne église de Pomiès, qui remonte à cette époque, on découvrit sous la table d'autel un cube de pierre taillé en forme de reliquaire avec couvercle à feuillure.

Ce reliquaire renfermait un vase de bois orné de peintures, contenant des parcelles assez grandes de crâne et une plaque de plomb fortement oxydée et cassée sur laquelle étaient gravés au trait des caractères.

Le contenu de ce reliquaire ainsi que la plaque fut envoyé à Rodez et soumis à l'examen de M. l'abbé ***.

M. l'abbé *** répondit par une note d'après laquelle il aurait lu sur la plaque de plomb : *reliquiæ sancti Pontiani.*

C'est sur les appréciations de cet archéologue que je me permettrais, Monseigneur, de faire quelques observations.

Il suffit de jeter un coup d'œil attentif sur cette plaque, pour y lire *Reliquiæ s^{ti} Petri, apost.* M. l'abbé *** a été trompé par la forme onciale de la lettre E, employée en même temps que la lettre capitale romaine

Il a pris la lettre onciale E, pour la lettre O. Ensuite l'absence de la lettre I du mot *reliquiæ* lui a fait supposer que la barre transversale de la lettre L représentait la lettre I. Il fit la même observation pour le mot *sancti*, dont la lettre S barrée représentait d'après lui la lettre I finale. Il conclut de cela que la barre transversale de la lettre E de forme onciale comptait pour un I. Puis je ne sais comment il fit pour trouver dans les 5 lettres de *Petri* les 8 lettres nécessaires au mot *Pontiani*.

Voici bien simplement, Monseigneur, les raisons qui m'ont donné la certitude que cette plaque retraçait en beaux caractères le nom du prince des apôtres.

On trouve très fréquemment au XI° siècle la lettre E de forme onciale employée concurremment avec la lettre E capitale romaine. Le T qui suit, et dépasse la ligne supérieure des autres lettres, reste des traditions épigraphiques des derniers temps du bas empire, se retrouve constamment au XI° siècle avec la lettre onciale E. Pour peu qu'on y prête attention, on reconnaît bien vite cette déformation des caractères romains qui amena la forme italique. L'E oncial devint e moderne et le T dépassant la ligne supérieure devint le t ; PETRI = petri.

La barre de la lettre L n'est point l'I qui manque au mot *reliquiæ*, car j'ai vu bien des fois, et tout dernièrement encore à Conques le mot *reliquiæ* en toutes lettres, avec la lettre L barrée. Nous retrouvons ici le même commencement de déformation qui amena la forme des caractères en usage dans les siècles postérieurs.

La barre inférieure de la lettre L diminue de longueur tandis que la barre du milieu devint peu à peu l'origine de la boucle employée dans cette lettre au moyen-âge, ce qui la fait prendre quelquefois pour E.

La barre de la lettre S n'est pas l'I.

Dans le trésor de Conques, sur la pierre d'autel si remarquable que l'on attribue à Charlemagne, nous voyons sur les émaux, à côté de la figure de sainte Foy et de la vierge, deux mots : S. FIDES, S. MARIA au nominatif. La barre de l'S est employée non seulement pour tous les cas du mot *sanctus* mais encore pour la lettre S dans le corps d'un mot. C'est l'origine de la liaison que l'on remarque dans les inscriptions du XIII° siècle, où la lettre S est représentée ainsi. Inutile d'insister ; cette barre ne représente pas la lettre I, et il est impossible de pouvoir lui donner cette fonction dans le corps de la lettre onciale E, Ces observations faites, le mot PETRI apparaît clairement.

Il faut remarquer les points intermédiaires qui séparent chaque mot, et qui sont distincts du point final que l'on plaçait vers le bas de la lettre.

Après le mot Petri, se trouve un point intermédiaire qui semble indiquer que la phrase est incomplète. En examinant attentivement le bord fruste de la plaque, au côté droit, on y remarque un petit trait qui pourrait bien être le jambage de la lettre A qui accompagne ordinairement le nom des apôtres. La manière dont la plaque est déchirée de ce côté laisserait croire en effet que le métal manque par suite de l'oxydation.

D'après ces diverses observations, et après avoir étudié attentivement cette plaque, je puis assurer à votre Grandeur que cette inscription doit être lue ainsi :

Reliquiæ sancti Petri, apostoli.

J'ai eu l'honneur de vous dire, Monseigneur, que c'était sous le maître-autel de l'église qu'avait été trouvé ce précieux reliquaire. Cette église est dédiée à saint Pierre. Les reliques du chef des apôtres placées sous l'autel de l'église semblent venir confirmer ce que j'ai avancé.

L'église de Pomiès dépendait de Conques et a été fondée par cette illustre abbaye.

L'ancien catalogue conservé aujourd'hui des reliques que possédait cette abbaye, mentionne des reliques de saint Pierre. De plus, en vérifiant le contenu d'une ancienne chässe d'argent du trésor de Conques, nous avons trouvé dans un sachet de soie une relique insigne accompagnée d'une lame de plomb en tout semblable à celle dont je transmets à Votre Grandeur le fac-similé et qui portait en caractères iden-

tiques ces mots : *Relig. s⁴ Pauli, apost.* La parfaite similitude des deux plaques de la même époque viendrait encore
ajouter une preuve à tant d'autres, s'il était nécessaire, et
confirmer la rectification que je viens d'exposer à Votre
Grandeur.

Monseigneur, si j'ai insisté sur les détails au sujet de cette
inscription c'est que j'ai compris le culte que professe Votre
Grandeur pour ce qui regarde les saintes reliques,

Ces reliques de saint Pierre sont aujourd'hui placées dans
un simple reliquaire scellé par votre prédécesseur comme
reliques de *saint Pontien.*

L'antique table d'autel qui recouvrait ce coffret de pierre
est actuellement sur la place de l'église, et sert de piédestal
à une croix. Le coffret de pierre est dans un coin de la
sacristie, et les restes du vase de bois qui renfermait les reliques sont entre les mains d'une personne de la paroisse.

Ne serait-il pas convenable que ces objets réunis retrou-
vassent dans l'église une place plus digne ? C'est ce que je
me suis permis de conseiller à M. le curé de Pomiès.

Daignez croire, Monseigneur, au respectueux dévoûment
avec lequel, j'ai l'honneur d'être, Monseigneur, de Votre
Grandeur, le très humble et très obéissant serviteur.

GRINDA, *architecte.*

Après ce rapport, nous avons ordonné que les restes susmentionnés, la table d'autel, le cube et le vase de bois
fussent mis en lieu décent, et nous avons prescrit de changer
le nom de *Pontien* en celui de *Petri.* Il semble en effet que
la grande relique de saint Paul, dont il vient d'être question
plus haut, en appelait une de saint Pierre.

III.

RELIQUES

Renfermées dans la cavité rectangulaire qui est au bas du Christ de la grande croix processionnelle.

La célèbre croix processionnelle en argent du trésor de Conques était, comme bien d'autres pièces de ce trésor inestimable, dans un état de détérioration considérable. L'orfèvre Poussielgue-Rusand en a fait une restauration et une consolidation complètes, sans changer en rien le caractère, de façon à rendre à cette merveilleuse pièce d'orfèvrerie sa physionomie première. Les pierres qui manquaient ont été enchâssées, les galeries refaites et ajustées à nouveau là où elles en avaient besoin, les boules de cristal remises sur les angles et le bâton recouvert de lames d'argent, là où elles avaient disparu.

Dans la cavité rectangulaire fermée par un verre de cristal qui est au bas du Christ de cette croix merveilleuse, se trouvait un paquet de reliques que nous décrivons dans la pièce suivante.

I.

PROCÈS-VERBAL

De reconnaissance d'un paquet de reliques renfermées dans la grande croix processionnelle de Conques et d'insertion d'une relique de la vraie croix à la même place.

Dans le reliquaire qui est au bas du Christ de cette belle pièce d'orfèvrerie et fermé d'un verre rougeâtre, nous avons trouvé un petit paquet de reliques plié dans une première soie qui semble avoir été primitivement violacée, renfermant une seconde soie de couleur blanche foncée; le tout était assez mal fermé.

Ayant ouvert la seconde soie, nous avons trouvé quatre ou cinq débris d'ossements, dont deux plus considérables que les autres, avec des fragments d'étoffes noires tout usés et tout déchirés, et de plus quelques fragments d'étoffe rougeâtre. Il n'y avait aucune étiquette ni aucun signe extérieur de reconnaissance. Ayant fait venir M. le docteur Lala, il lui a semblé que ces ossements provenaient d'os plats et un peu convexes, comme pourraient être des ossements des régions temporales ou peut-être costales.

Les tissus noirs et rougeâtres sont très semblables à ceux que l'on a trouvés dans la châsse carrée de sainte Foy. Ces reliques proviennent-elles de la sainte martyre ? C'est possible : comme aussi elles peuvent être des autres corps saints que l'on gardait à Conques.

Nous ne serions pas éloigné de croire, mais c'est une simple conjecture, que ce paquet est un de ceux qui pouvaient se trouver dans la châsse rectangulaire, en forme d'arche, et que la dévotion, qu'on avait pour sainte Foy, l'avait fait mettre dans cette grande croix que l'on portait aux processions, dans les grandes occasions.

Nous attendrons que la fouille des papiers de Conques et des archives nous donne de nouveaux documents, et en attendant, on les vénérera sous le titre de : *Ossa et reliquiæ sancti vel sanctæ nominis incerti, inter varia corpora sanctorum vel martyrum quæ Conchis asservabantur.*

A ce paquet de reliques qui n'était point là à sa place, et que nous avons déposé provisoirement dans la statue de la Vierge Mère dont il va être parlé ci-dessous, après l'avoir enveloppé d'un drap d'or, nous avons substitué une relique de la vraie croix que nous avons découverte dans la même statue, et nous avons dressé le procès-verbal ci-après :

Hanc invenimus particulam sanctæ crucis Christi, inter plurimos fasciculos reliquiarum papyro lineo plicatarum, et in statua B. Virginis XIII sæculi, sub panno serico cœruleo inclusarum. In capsa perbellæ crucis Concharum eam inclusivimus, sub chrystallo, super panniculum aureum, cum primitivis papyro et inscriptione, demptis cæteris reliquiis et ossibus in veteribus sericis pannis permixtis, et sine nomine huc satis inordinatè reconditis.

In quorum fidem, præsens instrumentum consignavimus, die XV maii anni MDCCCLXXIX.

† ERNESTUS, episcopus Ruthenen. et Vabren.

IV

RELIQUES

Trouvées dans la statue de la Vierge-Mère du XIIIᵉ siècle. — Description de cette pièce.

Une statuette d'argent doré par parties, de 38 cent. de hauteur, représente la Vierge et l'Enfant Jésus. Cette œuvre du XIIIᵉ siècle n'offre de remarquable, que les détails de certaines pièces de raccord ; les têtes, d'une grosseur disproportionnée et d'une expression étrange, ne sont pas des chefs-d'œuvre. Le trône sur lequel est assise la Vierge est un banc sans dossier, mais muni d'accoudoirs rectangulaires, ajourés d'un arc ogive et surmontés de trois boules côtelées. La couronne de la Vierge-Mère est dentelée et chargée de pierres fines. Une agrafe émaillée, appliquée sur l'épaule gauche de la Vierge, montre un écu d'azur chargé d'une tour percée d'une porte jointe, à un mur crénelé, avec trois croisettes en sautoir au-dessus des créneaux. Ces armoiries qui semblent appartenir à une ville sont peut-être celles des consuls de Conques.

(Extrait du GUIDE DU PÈLERIN A SAINTE FOY DE CONQUES, *par l'abbé Servières, page 94.)*

Voici le procès-verbal de ce que nous avons trouvé dans la cavité de cette statue, et de ce que nous avons cru devoir faire à sujet.

V.

PROCÈS-VERBAL

De reconnaissance des reliques trouvées dans la statue de la Vierge-Mère du XIIIe siècle.

Ayant ouvert le paquet qui se trouvait dans la statue de la Vierge, et plié il y a peu de temps dans une soie bleue verdâtre, nous avons trouvé enroulés, dans une bande de soie blanche ornée d'étoiles d'or et de dessins quadrilobes et trilobes, façon moyen âge, onze tout petits paquets, pliés dans du papier de lin qui paraît être du XVe siècle, plus un petit sachet en soie rouge, lesquels contiennent de petits fragments d'ossements, de poussières animales, végétales ou peut-être même minérales, sans aucune étiquette, excepté deux, où nous avons lu à l'intérieur : *de cruce Christi*, pour la première, et ces mots : *Innocentium* pour la seconde. Un troisième a une série de caractères, ou plutôt de traits sans forme, qui ne paraissent pas former des mots, mais avoir été écrits primitivement sur le papier.

Nous les avons réunis dans le même paquet, que nous avons recouvert d'un drap d'or jusqu'à nouvel ordre, pour être étudiés plus à loisir, excepté le paquet où il y avait, *de cruce Christi*, avec un petit fragment du bois de la Rédemption, que nous avons substitué, dans le reliquaire de la grande croix, au paquet de reliques qui y étaient antérieurement, avec un procès-verbal en parchemin, et l'inscription primitive que nous avons fait insérer dans le dit reliquaire.

Ce sont là évidemment quelques unes des anciennes reliques mentionnées dans le catalogue, et comme on les a réunies ensemble, on pourrait croire qu'elles faisaient peut-être partie d'un reliquaire qu'on aura démonté et qu'on n'aura pas ensuite remis en état.

En foi de quoi, nous avons signé le présent instrument, pour servir de reconnaissance des dites reliques, le 14 mai 1879.

† ERNEST,
évêque de Rodez et de Vabres.

VI.

ANNEXE COMPLÉMENTAIRE A TOUT CE QUI PRÉCÈDE.

Enumération des principales reliques qui ont été distribuées à l'occasion des fêtes de sainte Foy et de l'invention de ses précieux restes.

Le grand retentissement qu'ont eu les fêtes de sainte Foy et l'invention de ses reliques ne pouvaient manquer d'attirer l'attention des personnes pieuses et surtout des paroisses dédiées à la sainte.

Nous avons donc reçu à   asion de nombreuses demandes de parcelles   s et de ses précieuses cendres, soit de personnes   s à notre sainte, soit des communautés qui étaient ou   aient se mettre sous son patronage, soit des évêques auxquels s'adressaient les curés dont les églises avaient pour titulaire la grande martyre agenaise.

Nous avons pu satisfaire à tous ces désirs, exprimés ordinairement dans des termes de grande admiration pour notre sainte ; seulement nous avons dû nous montrer avare dans ces distributions, pour ne pas dissiper trop vite les petites réserves que nous avions faites d'un trésor dont nous n'avions que la garde, et qui, d'ailleurs, ne nous appartenait pas.

Ces lettres de demande et de remerciement, avec le compte-rendu des fêtes qui ont accompagné ordinairement la réception de la relique par nous envoyée, ont été fidèlement recueillies par nous, et ces pièces demeurent aux archives de l'évêché, jusqu'à ce qu'elles soient remises à celles de Conques, pour servir à l'histoire monumentale qui se prépare en l'honneur de cette sainte.

Nous citerons ici parmi les personnes qui ont reçu un petit fragment des reliques de la sainte, avec un des coffrets que nous avions fait fabriquer à l'instar de la grande châsse : nos vicaires généraux et les autres membres de notre administration ; nos principales communautés d'hommes et de femmes, notre grand et nos petits séminaires ; les missionnaires diocésains, les docteurs, l'orfèvre, les architectes et les membres des diverses commissions qui nous avaient si gracieusement aidé dans notre travail de reconnaissance des saintes reliques, et auxquels nous offrons ici l'hommage de notre gratitude. Quelques personnes pieuses ont aussi obtenu de nous de petits fragments ou cendres de la martyre ; nous conservons nous-même, dans la chapelle de notre évêché, les débris d'ossements, de soieries et la partie des cendres que nous avons mentionnés dans nos divers procès-verbaux et qui ne sont pas bien considérables, pour satisfaire les demandes à venir, et n'avoir pas ainsi à ouvrir ni à dépouiller le précieux dépôt de la grande châsse ni de la statue d'or auxquels on ne devra jamais toucher.

Nous avons aussi remis aux Pères Prémontrés quelques ossements détachés et beaucoup de résidus, pour qu'ils pussent en faire de petits reliquaires. Nous nous proposons de leur remettre encore une partie de ce que nous avons gardé.

Parmi les églises qui nous ont demandé et qui ont obtenu de nous des reliques un peu plus notables de sainte Foy, pendant les trois années 1878, 1879 et 1880, nous citerons la paroisse de Sainte-Foy de Schelestadt, en Alsace, dont le vénérable curé, M. l'abbé Mury, vint lui-même assister aux grandes fêtes de la translation, et qui nous a envoyé depuis le complément du *Liber mirabilis*, ou recueil des miracles de l'illustre martyre ; la paroisse de Sainte-Foy-la-Grande, du diocèse de Bordeaux, où de grandes fêtes se firent au mois d'octobre 1879, pour recevoir la relique que nous y apportâmes nous-même, et celle de Sainte-Foy d'Agen, où le 25 mai précédent avaient eu lieu de plus grandes fêtes encore, annoncées et organisées par un très beau mandement de Mgr Fontenau, évêque de cette ville et de ce diocèse.

Au mois de juillet 1878, nous avons encore envoyé, à Mgr l'Archevêque de Besançon, une parcelle des ossements de notre sainte pour le sanctuaire qui lui est dédié à Rosureux.

Pareil don a été fait à la paroisse de Bourg-Saint-Maurice, du diocèse de Tarentaise, à une autre paroisse qui lui est consacrée dans le diocèse de Carcassonne ; à la paroisse de Sainte-Foy de Liège, où de très grandes fêtes ont eu lieu aussi au mois d'octobre 1879, et enfin nous avons octroyé, cette année 1880, un petit ossement des débris cervicaux de notre héroïne à la paroisse Sainte-Foy de Gênes, sur la demande du vénérable archevêque de cette ville, qui nous en a témoigné sa reconnaissance en termes fort émus.

Nous avons aussi distribué quelques parcelles de notre trésor aux vénérables archevêques et évêques nos frères, qui nous en ont fait la demande, et auxquels nous avions des obligations particulières de reconnaissance pour le concours empressé qu'ils nous avaient prêté lors de nos fêtes. Nous citerons ici en particulier Son Eminence le Cardinal Desprez, archevêque de Toulouse, qui avait présidé la grande solennité de la translation ; Mgr de Langalerie, achevêque d'Auch, la gloire et l'honneur de la ville de Sainte-Foy-la-Grande, et Mgr Fonteneau, évêque d'Agen, le berceau et le premier tombeau de notre vénérée martyre.

VII.

ORDONNANCE

Concernant la garde et la visite des reliques et des reliquaires du trésor de Conques.

Aux pièces et actes que nous venons d'imprimer, nous croyons devoir joindre l'ordonnance sévère que nous avons portée pour protéger les reliques et les reliquaires d'un si grand prix que renferme le trésor de Conques. Nous n'en ôtons rien et nous n'en diminuons rien, voulant témoigner par là aux générations à venir de notre amour pour l'aimable sainte à laquelle nous avons voué notre vie, et de notre fidélité à garder ses précieux restes et tous les objets que la piété des siècles a réunis autour d'elle.

Joseph-Christian-Ernest Bourret, par la miséricorde divine et la grâce du Saint-Siège apostolique, évêque de Rodez.

Considérant qu'il est d'un intérêt souverain de conserver précieusement les reliques que possède l'église de Conques, ainsi que les pièces artistiques et historiques de son célèbre trésor ;

Nous avons ordonné et ordonnons ce qui suit :

Art. 1er Un inventaire exact et complet sera minutieusement dressé, de toutes les reliques que possède l'église de Conques, avec mention des saints et saintes dont elles sont les restes vénérés, ainsi que des écrits et sceaux qui en constatent l'authenticité.

Art. 2. Il sera fait également une description détaillée de tous les reliquaires que contient le trésor de Conques, et on mentionnera spécialement chacune des pierres antiques, camées, améthystes, etc., présentes ou enchâssées sur chaque reliquaire, aussi bien que de celles qui ont disparu, jusqu'au présent jour.

Art. 3. Le même récolement sera fait pour chacune des pièces, vases et ustensiles, dépendant du trésor de cette antique abbaye, avec la description sommaire de leur forme et matière, ainsi que du prix approximatif de leur valeur intrinsèque. Les livres, antiphonnaires, manuscrits et enluminures qui restent encore seront également recensés dans le susdit inventaire et décrits sur le catalogue général qui sera dressé.

Art. 4. Ces divers objets seront soigneusement étiquetés et déposés dans un lieu sûr et parfaitement fermé ; et ils ne seront jamais employés au service courant de l'Eglise, que dans les grandes occasions et en prenant d'eux le plus grand soin.

Art. 5. Le trésor de Conques ne sera jamais montré aux visiteurs qu'avec la plus grande discrétion, et toujours en compagnie d'un ou plusieurs Pères de la communauté, qui veilleront avec la plus grande attention à ce que rien ne soit détourné ou détérioré.

ART. 6. Aucune des pièces composant le susdit trésor, tels que reliquaires, croix, émaux, plateaux, soleils, encensoirs, etc., etc., ne pourront être confiées à aucun orfèvre ou artiste pour leur arrangement ou réfection, qu'après avoir pris, outre l'agrément de la Fabrique, l'ordre exprès des évêques de Rodez, l'avis des commissions scientifiques compétentes, et on ne les livrera aux ouvriers, qu'après un procès-verbal détaillé de leur forme, de leur valeur, de leurs dégradations antérieures et des restaurations ou réparations à y faire.

ART. 7. Nous défendons sous peine d'excommunication *latæ sententiæ*, de donner ou de recevoir aucune parcelle des reliques contenues dans le trésor de Conques, sans la permission écrite et scellée de leur sceau des Evêques de Rodez, à l'exclusion de tous autres délégués, fussent-ils vicaires-généraux ou doyens, prévôts, custodes ou préposés de la dite église, et nous rendons responsables les gardiens de ces précieux restes de toute distraction qui serait faite en faveur de qui que ce puisse être.

ART. 8. Nous défendons sous la même peine, tant aux religieux de Conques qu'aux membres de la Fabrique, d'aliéner, vendre et échanger, et même de prêter temporairement, sous quelque prétexte que ce soit, aucune des pièces si peu importantes qu'elles puissent paraître, qui seront notées dans l'inventaire, comme provenant de l'ancien trésor de l'abbaye ; et nous portons la même censure contre quiconque oserait s'approprier tout ou partie de ces mêmes objets.

ART. 9. Nous confions à la garde exclusive des Pères Prémontrés qui desservent la paroisse, tant les reliques et les reliquaires, que les autres pièces du trésor ; et nous les autorisons à percevoir, uniquement pour les réparations de l'église et la construction de l'abbaye, une légère rétribution sur les personnes aisées qui viendront les visiter.

ART. 10. Et sera notre présente Ordonnance imprimée et affichée dans la sacristie de l'église de Conques, dans le lieu où sont déposées les pièces du trésor, et partout où besoin sera.

Donné à Rodez, le 16 juillet 1873, fête de Notre-Dame du Mont-Carmel.

† ERNEST,
évêque de Rodez.

VIII.

CONCLUSION

Vœu de voir un jour une histoire monumentale s'écrire en l'honneur de notre grande martyre.

En terminant ce travail de récollection, qui a pour but de sauver de l'injure du temps des souvenirs du plus grand prix, et de donner à ceux qui viendront après nous des indications que l'on ne nous a pas laissées assez détaillées et assez abondantes à nous-mêmes, il nous revient à la mémoire une pensée que nous avons souvent exprimée :

Quel beau livre ne ferait-on pas, avec tous ces documents et les incomparables pièces du trésor de Conques, sur sainte Foy ! Dom Guéranger a pu élever un monument remarquable à sainte Cécile, rien qu'avec des actes assez courts et les documents généraux de la civilisation romaine aux IIIe et IVe siècles. Nous sommes bien plus riches. Tous ces coffrets, tous ces émaux, tous ces magnifiques reliquaires, tous ces témoignages successifs que les temps sont venus apporter au culte de sainte Foy, depuis l'époque Gallo-Romaine jusqu'à nos jours, que ne donneraient-ils pas ? Quelles curieuses descriptions artistiques, quelles légendes, quelles peintures, depuis les étoffes antiques qui recouvrent ses cendres, jusqu'à la magnifique église qui lui sert de tombeau. !

O mon aimable sainte, sors encore une fois du lieu de ton repos, montre toi, avec ce visage virginal qui t'a gagné tant de cœurs, au cœur noble et pur qui est capable d'aimer cette œuvre, et suscite parmi nous quelque intelligence élevée qui soit à même de la comprendre. Douce colombe, si on t'aime tant déjà, pour ne te voir qu'en passant, et au milieu de mille autres préoccupations et soucis, qu'on serait consolé de passer son temps avec tes aimables jeux, et qu'on serait rafraîchi de vivre en compagnie de ton innocence et de ton doux sourire !

Et maintenant que sainte Foy nous protège, nous et tout notre diocèse, et qu'elle reçoive une fois encore avec bonté ce témoignage de notre vénération et de notre culte. Que ces pièces diverses que nous signons de notre main une dernière fois, en terminant leur impression, et revêtons du sceau de nos armes, en signe d'authenticité, la fassent connaître, s'il se peut, davantage, et aimer comme ses grandes vertus et ses grands combats le méritent.

Rodez, le 6 octobre 1880, en la fête de sainte Foy.

† ERNEST,
évêque de Rodez et de Vabres.

TABLE DES MATIÈRES.

SIXIÈME PARTIE.

Rodez. — Imprimerie de V⁰ E. CARRÈRE.

PHYLACTÈRES ET INSCRIPTIONS

FAC-SIMILE
des authentiques sur parchemin trouvés
avec les reliques de S^{te} **FOY**.

Fragment d'ossement gravé.

Imp. Lith. L. Loup. - Rodez.

Ancien sceau
de l'église de Conques
XIIIᵉ Siècle.

Ancien sceau
de l'église de Conques
XIIIᵉ Siècle.

www.ingramcontent.com/pod-product-compliance
Lightning Source LLC
Chambersburg PA
CBHW070801290326
41931CB00011BA/2099